Renate Stremme

IM HERZEN VEREINT

RENATE STREMME

Im Herzen vereint

Eine Geschichte über Liebe,
Abschied und Neubeginn

Bibliografische Information der Deutschen Nationalbibliothek
Die Deutsche Nationalbibliothek verzeichnet diese Publikation
in der Deutschen Nationalbibliografie; detaillierte bibliografische
Daten sind im Internet über http://dnb.d-nb.de abrufbar.

Satz, Umschlaggestaltung und Verlag:
BoD · Books on Demand GmbH,
Überseering 33, 22297 Hamburg, bod@bod.de
Druck: Libri Plureos GmbH,
Friedensallee 273, 22763 Hamburg

ISBN: 978-3-8192-8559-2

Was wirklich zählt

*Wenn alle Freunde sich abwenden, dann bleibt er.
Wenn der Reichtum schwindet und der gute Ruf
zerbricht, dann bleibt er in seiner Liebe so beständig,
wie die Sterne am Firmament. Wenn das Schicksal
seinen Herren in die weite Welt verschlägt, ohne Freunde
und heimatlos, dann fragt der treue Hund nach weiter
nichts, als das er ihn begleiten und gegen
Gefahren beschützen darf.*

GEORGE GRAHAM VEST (1830 - 1904)

Inhalt

Vorwort

Dieses Buch ist mehr als nur eine Sammlung von Erinnerungen – es ist ein Zeugnis einer tiefen, authentischen Verbindung zwischen Mensch und Tier. Es erzählt die Geschichte von Angie und Karin: von ihren ersten Begegnungen im Tierheim, den gemeinsamen Abenteuern auf dem Hof und den stillen, berührenden Augenblicken, in denen Liebe, Geduld und Vertrauen das Herz öffnen und das Leben verändern können.

Beim Lesen spürt man die Wärme, die in jeder Zeile mitschwingt. Die Erlebnisse zeigen eindrucksvoll, wie selbst in den Herausforderungen des Alltags – wenn Abschiede unausweichlich scheinen – immer auch ein Neubeginn liegt. Karin und Angie gehen gemeinsam durch Höhen und Tiefen, und ihre Beziehung wird zum Leuchtfeuer der Hoffnung: Selbst wenn der Moment des Abschieds kommt, bleibt die Verbindung unvergänglich. Später tritt Sam in ihr Leben, ein treuer Gefährte, der all die Weisheit und Liebe, die Angie hinterließ, in sich trägt und so den Kreis der Verbundenheit schließt.

Doch dieses Buch ist nicht nur eine sehr persönliche Geschichte. Es richtet sich an all jene, die einem Tier ihr Herz schenken – besonders denen, die aus dem Tierschutz stammen und oft eine zweite Chance brauchen. Es erinnert uns daran, wie wichtig es ist, Ängsten mit Geduld und Liebe zu begegnen, und dass die Zuneigung, die wir unseren tierischen Begleitern schenken, in unzähligen kleinen Gesten erwidert wird.

Beim Lesen sollen Sie die leise Magie spüren, die in stillen Begegnungen zwischen Mensch und Tier liegt – jene Augenblicke, in denen Worte nicht ausreichen, um die Tiefe der Gefühle zu beschreiben. Es ist eine Geschichte über Freundschaft, über Verlust und den unerschütterlichen Glauben an einen Neuanfang. Denn wahre Liebe kennt keine Grenzen – nicht einmal jene zwischen Himmel und Erde.

Ich lade Sie ein, sich auf diese Reise einzulassen, die Herz und Seele berührt und daran erinnert, wie wertvoll es ist, mit offenem Herzen zu leben und zu lieben.

Eine zweite Chance für Angie

Es war an einem der letzten sanften Sommertage, als Angie, eine einsame Schäferhündin, in einem Tierheim verweilte. Ihre Augen spiegelten eine Vergangenheit voller Enttäuschungen wider. Ihr Frauchen hatte sie oft lieblos behandelt, und diese Erlebnisse hatten sie misstrauisch gegenüber Menschen gemacht. Obwohl die Tierpfleger sie liebevoll umsorgten, sehnte sich Angie nach einem warmen Zuhause und nach einer Seele, die ihr Vertrauen verdiente. Sie hörte ihren Artgenossen zu, die von ihren Hoffnungen und Träumen sprachen, doch ihr Glaube an Wunder war längst erloschen. Und doch – wie man so sagt – „die Hoffnung stirbt zuletzt."

Dieser Samstagmorgen fühlte sich anders an. Vielleicht lag es an dem Traum, den Angie in der Nacht gehabt hatte, in dem sie endlich das Tierheim verließ, in dem sie nun seit eineinhalb Jahren lebte. Die Erinnerung an den Tag, als fremde Männer sie zusammen mit den Meerschweinchen Hansi und Gerti sowie dem Kater Moritz aus ihrem Zuhause abholten, war noch frisch. Ihr Frauchen hatte sie ohne ein Wort des Abschieds fortgegeben, und Angie hatte bis heute nicht verstanden, warum. Felix, ihr Mitbewohner, riss sie aus ihren Gedanken. „Angie, lass die trüben Gedanken ziehen. Die Sonne lacht – vielleicht kommen heute nette Menschen, die uns hinausführen."

„Du hast leicht reden, Felix. Für dich ist dieses Tierheim das Paradies, wenn man deine Geschichte kennt."

Felix war von Tierschützern aus einem Labor gerettet worden, das Tierheim war für ihn ein sicherer Hafen. Angies frühere Tage waren alles andere als einfach gewesen – sie hatte zwar gelitten, doch die vertraute Routine war ihr lieber, als endlos im Tierheim zu verharren und auf jemanden zu warten, der sie nach draußen brachte.

„Sei nicht so ungerecht zu den Menschen, Angie", meinte Felix. „Hier bist du der Liebling der Tierpfleger. Sie haben immer ein Leckerli und ein liebes Wort für dich."

„Ja, das stimmt. Aber weißt du, was mein größter Wunsch ist, Felix?"

„Nein, aber du wirst es mir gleich verraten."

„Ich wünsche mir, dass ich endlich einen Menschen finde, der nur für mich da ist."

„Angie, so jemanden zu finden, ist schwer", erwiderte Felix. „Aber ich hoffe, dein Wunsch erfüllt sich."

Bessie, eine alte Hundedame, mischte sich ein. „Müsst ihr am frühen Morgen so ein Gespräch führen? Eine alte Dame braucht ihren Schönheitsschlaf!"

Ihre Worte brachten Angie und Felix zum Schmunzeln. Doch Bessies Geschichte, geprägt von Jahren auf der Straße, erinnerte die beiden daran, dass das Tierheim trotz allem ein sicherer Ort war.

Verena, die Tierpflegerin, kam mit einem warmen Lächeln herein. „Angie, du hast Besuch." Zögernd erhob sich Angie, ließ sich das Geschirr anlegen und trat in den Flur. Dort warteten zwei Frauen – eine ältere und eine jüngere. Die ältere Frau lachte Angie herzlich an, und in diesem Moment spürte Angie eine unerklärliche Anziehung.

Nachdem Angie von den beiden Frauen abgeholt worden war, erkundete sie einen idyllischen Garten, in dem Apfelbäume standen. Die ältere Frau schien sich für Angie entschieden zu haben, doch Angie war sich nicht sicher, ob sie das Gleiche für die Jüngere empfand. Zurück im Tierheim bat die ältere Frau darum, Angie mitnehmen zu dürfen, und Verena stimmte zu.

Am Ende des Tages durfte Angie tatsächlich mit den beiden Frauen in ihr neues Zuhause fahren. Während diese darüber sprachen, wie sie Angie in ihren Alltag integrieren würden, suchte sich Angie einen Schlafplatz und träumte von einem Leben voller Liebe und Geborgenheit.

Vorsichtig schlich sich Angie in ihr neues Zuhause, das nach frischem Holz und einem Hauch von Lavendel duftete. Während die ältere Frau im Wohnzimmer beschäftigt war, beobachtete Angie neugierig Karin, die gerade einen Korb mit frischen Decken und Kissen trug. Karin kniete sich nieder, breitete eine der Decken in einer ruhigen Ecke des Raumes aus und klopfte sanft darauf. „Komm her, Angie", sagte sie mit einer Stimme, die zugleich weich und einladend klang.

Angie zögerte, doch etwas in Karins Blick beruhigte sie. Langsam tappte sie hinüber und ließ sich vorsichtig neben Karin nieder. „Weißt du, Angie", begann Karin leise, während sie behutsam durch Angies weiches Fell strich, „ich glaube, wir könnten gute Freunde werden. Aber dafür brauchen wir Zeit." Angie legte ihren Kopf auf Karins Knie – ein Zeichen tiefen Vertrauens, geboren aus ihrem ungestillten Bedürfnis nach Zuneigung.

Die Tage vergingen, und Angie gewöhnte sich allmählich an ihr neues Leben. Karin war geduldig und gab ihr den Raum, den sie brauchte, um ihre Ängste zu überwinden. Gemeinsam unternahmen sie lange Spaziergänge durch den nahe gelegenen Wald, und die Schäferhündin genoss es, ohne Leine frei laufen zu können. Immer wenn Karin sie rief, kam Angie freudig an, als wüsste sie, dass sie nun wirklich jemanden gefunden hatte, dem sie vertrauen konnte.

Eines Abends, als sie zusammen auf der Veranda saßen, lehnte sich Karin zurück und sagte: „Weißt du, Angie, ich war mir anfangs nicht sicher, ob ich bereit bin für einen Hund. Aber du hast mich eines Besseren belehrt. Ich glaube, wir brauchen einander."

Angie blickte zu Karin auf, ihre bernsteinfarbenen Augen strahlten wie flammendes Licht. In diesem Augenblick wusste sie, dass sie endlich angekommen war. Karin lächelte sanft und fuhr ihr liebevoll über den Kopf. „Du bist nicht nur ein Hund, Angie. Du gehörst zur Familie."

Von da an war das Band zwischen ihnen unzerbrechlich. Angie folgte Karin überallhin, und in ihrer Nähe fühlte sie sich sicher und geborgen. Gemeinsam entdeckten sie die Schönheit des Lebens neu – in den kleinen Dingen wie dem Duft von blühenden Blumen oder dem sanften Plätschern eines Baches.

Für Angie war dies das Zuhause, nach dem sie sich immer gesehnt hatte. Und für Karin war Angie nicht nur ein Haustier, sondern eine treue Gefährtin, die ihr Leben auf eine Weise bereicherte, die sie sich nie hätte vorstellen können.

Gemeinsame Erlebnisse

Die ersten Tage in ihrem neuen Zuhause fühlten sich für Angie an wie ein sanfter Übergang von einem Traum in eine Realität, die sie kaum zu hoffen gewagt hatte. Karin hatte ein besonderes Gespür für Angies Bedürfnisse. Sie sprach ruhig mit ihr, übte keinen Druck aus und ließ Angie in ihrem eigenen Tempo ankommen.

Eines Morgens, als die Sonne sanft über die Felder kroch und die Luft nach frischem Tau duftete, beschloss Karin, Angie auf einen Spaziergang in den nahe gelegenen Wald mitzunehmen. Mit einer kleinen Tasche, gefüllt mit Wasser und ein paar Leckereien, rief sie: „Komm, Mädchen. Wir gehen raus."

Sofort sprang die Schäferhündin auf, ihre bernsteinfarbenen Augen leuchteten vor Vorfreude. Gemeinsam machten sie sich auf den Weg – entlang eines schmalen Bachs, dessen leises Plätschern die Stille durchbrach. Angie lief neugierig voraus. Sie schnüffelte an allem, was ihr in den Weg kam, und genoss die Freiheit, die sie so lange vermisst hatte. Karin beobachtete sie mit einem liebevollen Lächeln. „Du bist wirklich etwas Besonderes, Angie", flüsterte sie mehr zu sich selbst als zur Hündin.

Angie schien die Worte zu verstehen – sie drehte sich um und wedelte leicht mit dem Schwanz, als würde sie die stille Verbindung erwidern. Als sie tiefer in den Wald vordrangen, entdeckte Angie eine Lichtung, auf der das Gras weich und einladend lag. Die Hündin legte sich auf den Rücken und rollte sich vergnügt im Gras, während Karin sich auf einen nahen Baumstumpf setzte und den Anblick genoss. In diesem Moment schien alles perfekt – die Ruhe, die Natur und das wachsende Band zwischen den beiden.

Nach einer Weile holte Karin die Leckereien heraus und rief Angie zu sich. Die Hündin kam brav herbei, setzte sich vor Karin und nahm das Leckerli sanft aus ihrer Hand. Es wurde eine liebevolle Gewohnheit, das sie allmählich aufbauten – eine Geste des Vertrauens, die von beiden Seiten kam. „Weißt du, Angie", sagte Karin, während sie ihren Kopf streichelte, „ich habe immer davon geträumt, solche Momente mit einem Hund zu teilen. Jemandem wie dir ein Zuhause zu geben, in dem du dich sicher und geliebt fühlen kannst."

Angie legte ihren Kopf auf Karins Knie, als könnte sie diese Worte verstehen. Ein stilles Versprechen, das sie an diesem Tag schlossen, basierend auf gegenseitigem Vertrauen und dem Wunsch, gemeinsam neue Wege zu gehen.

In den folgenden Tagen wurden die gemeinsamen Ausflüge zu spannenden Abenteuern. Sie erkundeten die Umgebung, fanden versteckte Pfade und beobachteten die Tierwelt, die den Wald zu ihrem Zuhause gemacht hatte. Angie sprühte vor Energie und Lebensfreude, während Karin mit jedem Ausflug mehr über ihre treue Gefährtin erfuhr.

Eines Nachmittags, als die Sonne durch die Bäume fiel und ein goldenes Lichtnetz auf den Boden warf, entdeckte Angie einen kleinen Teich. Sie sprang ohne Zögern fröhlich ins Wasser und plätscherte vergnügt, während es in alle Richtungen spritzte. Karin lachte – zum ersten Mal seit Langem fühlte sie sich so unbeschwert. Angie schwamm zu ihr zurück, schüttelte sich und bespritzte Karin, die lachend auswich. Diese Ausflüge wurden bald zu einem festen Teil ihres Lebens. Für Angie war es eine Zeit der Entdeckung, für Karin eine willkommene Auszeit vom hektischen Alltag.

Am Abend, nach einem langen Spaziergang, legte sich Angie zu Karins Füßen, während diese ein Buch las – doch ihr Blick schweifte immer wieder zu ihrer treuen Begleiterin. „Danke, dass du in mein Leben gekommen bist", sagte Karin leise.

Angies Augen funkelten voller Wärme und Vertrauen. In diesem Moment wusste Karin: Angie war nicht nur ein Haustier. Sie war Familie, ein Seelenverwandter, der ihr

Leben auf eine Weise bereicherte, die sie nie für möglich gehalten hätte. Gemeinsam tauchten sie in den Abend, und Karin war sich sicher, dass dies erst der Anfang einer wunderbaren Freundschaft war.

Ein besonderer Tag

Obwohl das Wetter zunächst trüb wirkte – dunkle Wolken zogen auf und die Sonne kämpfte, sich durch die Wolkendecke zu schlagen –, kündigte sich allmählich ein Lichtstrahl an, der den Tag erhellte. Gegen Mittag machten Karin und Angie sich auf den Weg. Angie sprang voller Vorfreude aus dem Auto und lief wie gewohnt direkt zu „ihrem" Teich – ihrem Lieblingsort. Karin folgte ihr in Gedanken versunken, während sie den Blick über das Wasser schweifen ließ. Dort, wo normalerweise ihre Schildkröten auf einem Baumstamm lagen, war heute nichts zu sehen. „Kein Wunder", dachte Karin, „bei diesem Wetter verstecken sie sich sicher." Nur das Blesshuhnpärchen zog gemächlich seine Kreise in der Mitte des Teichs.

Was als unspektakulärer Spaziergang begann, sollte sich bald als ein kleines Wunder entpuppen. Während Karin schlenderte, fiel ihr das rege Vogelgezwitscher auf.

Sie spähte in die Büsche, fand aber keinen Vogel. Plötzlich stand Angie wieder neben ihr mit einem Ausdruck, der gleichzeitig amüsiert und fragend wirkte. Auf Angies Rücken hatte sich eine winzige Blaumeise niedergelassen!"

Zuerst traute sich Karin kaum, ihren Augen zu glauben. Doch dann wurde ihr klar: Der zarte Vogel war völlig durchnässt, und am Ufer saßen seine Geschwister sicher und trocken. Offenbar war der kleine Kerl zu weit gegangen und ins Wasser gefallen. Angie hatte ihn entdeckt, während sie am Ufer schnüffelte. Ohne zu zögern, stieg sie vorsichtig ins Wasser, watete zu der Stelle, an der der Vogel trieb, und senkte sanft ihre Schnauze, um ihn aufzunehmen. Mit erstaunlicher Sorgfalt brachte sie die Blaumeise ans Ufer zurück; ihr nasses Fell glänzte im schummrigen Licht.

Die Blaumeise zwitscherte unaufhörlich, als wollte sie Angie für ihre Rettung danken. Doch Angie, die geduldig wie immer war, begann leicht brummend zu protestieren: „Ist ja gut, mein Freund, ich hab's verstanden – aber kannst du mal ein wenig leiser sein?"

Karin musste lachen. Angie legte sich behutsam ins Gras, während die Blaumeise quietschvergnügt munter auf ihrem Rücken herumhuschte – bis hinauf zu ihren Ohren. Es schien fast so, als würde Angie sagen: „Kannst du ihn bitte von mir runterholen? Er wird mir langsam zu frech.

„Alles klar, meine Große", beruhigte Karin, „ich hole ein Stöckchen, damit wir ihn sicher auf den Baum setzen können. Keine Sorge, ich fass ihn nicht an." Angie brummte zustimmend: „Gut, aber setz ihn bitte auf den anderen Baum, wo er nicht wieder vor Übermut herunterpurzelt."

„Hast du das beobachtet?", fragte Karin schmunzelnd.

„Natürlich", schien Angie zu antworten. „Sonst wäre er ja ertrunken, und ich hätte ihn nicht retten müssen."

Nachdem sie die kleine Blaumeise sicher zurück zu ihrem Baum gebracht hatten, setzten sie ihren Spaziergang fort. Die frische, klare Luft und die Sonnenstrahlen, die sich ihren Weg durch die Baumkronen bahnten, ließen den Weg fast magisch erscheinen. Für einen Moment schien die Welt stillzustehen, während sie inmitten der Natur die Ruhe genossen.

An einer kleinen Lichtung setzte sich Karin auf einen moosbedeckten Stein, während Angie sich neben sie legte. Der sanfte Wind ließ die Blätter tanzen, und das Spiel von Licht und Schatten verzauberte die Umgebung. Plötzlich lenkte ein leises Rascheln ihre Aufmerksamkeit – ein scheues Rehkitz kam vorsichtig hervor und musterte sie neugierig. Angie hob den Kopf, schnüffelte in seine Richtung und verharrte, um das Tier nicht zu erschrecken. Das Rehkitz schien die friedliche Haltung zu spüren und begann, an einem Grasbüschel zu knabbern, ehe es leise im Dickicht verschwand.

Langsam machten sich beide auf den Rückweg, den Tag und seine besonderen Momente tief in ihren Herzen verankert. Als Karin das Auto erreichte, warf sie einen letzten Blick auf den Teich. Die Sonne spiegelte sich glänzend auf der Wasseroberfläche – ein stilles Versprechen für den kommenden Abend.

In der vertrauten Umgebung angekommen, ließ sich Angie wohlig seufzend auf ihr Kissen plumpsen. Mit einem zufriedenen Schnauben rollte sie sich zusammen und warf Karin diesen ganz bestimmten Blick zu – treu, warm und voller stiller Worte. „Ein schöner Tag, oder?", schien sie zu sagen.

Karin grinste. „Ja, du hast recht", murmelte sie und strich liebevoll über Angies Fell. Es war wirklich ein besonderer Tag gewesen – voller kleiner Wunder und stiller Freuden. Ein Tag, der ihr erneut zeigte, wie eng die Verbindung zwischen Freundschaft und der Natur verwoben war.

Sie dachte an die vielen unscheinbaren Momente, die sich so oft als die kostbarsten Schätze entpuppten. Angie, die kleine Heldin des Tages, hatte nicht nur dem durchnässten Vögelchen geholfen, sondern auch Karin selbst. Mit ihrer warmherzigen Art hatte sie ihr einmal mehr gezeigt, worauf es wirklich ankam: Freundschaft, Fürsorge und Vertrauen.

Karin schmunzelte. Wer hätte gedacht, dass ihr vierbeiniger Wirbelwind so viel Weisheit in sich trug? „Vielleicht solltest du Seminare geben", flüsterte sie und grinste in sich hinein.

Angie blinzelte nur müde, rollte sich noch ein Stück enger zusammen und seufzte zufrieden. Karin lehnte sich zurück, während die Stille des Abends sich wie eine sanfte Decke über den Raum legte.

Ja, dachte sie, es waren diese leisen, unscheinbaren Glücksmomente, die das Leben so besonders machten. Und sie wusste: Egal, welche Wege noch vor ihnen lagen – mit Angie an ihrer Seite würde sie ihnen mit einem Lächeln entgegensehen.

Ein Band aus Vertrauen

Der Tag begann ruhig. Die Sonne schien träge durch die Wolken, und eine sanfte Brise strich durch die Bäume. Während Karin ihre Wanderschuhe schnürte, stand Angie erwartungsvoll an ihrer Seite – ihre bernsteinfarbenen Augen leuchteten voller Vorfreude. Heute wollten sie ein abgelegenes Waldstück erkunden, eine Einladung der Natur, der sie gern folgten.

„Bereit für ein neues Abenteuer, Mädchen?", fragte Karin lächelnd. Angie bellte freudig, als wollte sie ihre Zustimmung bestätigen.

Zunächst führten sie vertraute Pfade entlang, doch bald verließen sie die bekannten Wege und tauchten tiefer in das Unbekannte ein. Die Bäume wurden dichter, das Rascheln des Laubs und das Zwitschern der Vögel intensiver. Angie schnüffelte an jedem Grashalm, die Ohren aufgerichtet, bereit, auch das leiseste Geräusch wahrzunehmen.

Karin genoss die friedliche Stille und das Gefühl, eins mit der Natur zu sein. Doch nach einiger Zeit verdunkelte sich der Himmel, und eine sanfte Brise verwandelte sich in einen kühlen Wind. Ein leises Grollen kündigte ein nahendes Gewitter an. Karin spürte ein Unbehagen, das sich langsam in ihr breitmachte.

Zuerst fielen nur zarte Regentropfen, doch bald wurde der Niederschlag stärker. Der Waldboden verwandelte sich in eine rutschige, schlammige Fläche, und der dichte Regen erschwerte die Sicht. „Wir sollten umkehren", rief Karin, wobei ihre Worte fast vom Prasseln der Tropfen übertönt wurden. Doch der Rückweg schien verschwunden, die vertrauten Markierungen waren vom Regen weggespült.

Angie spürte Karins Unruhe und rückte näher zu ihr. Mit einer ruhigen Gelassenheit und funkelndem Vertrauen in den Augen sah sie ihre Gefährtin an. Dann bellte sie leise und übernahm, als hätte sie einen inneren Kompass, ganz die Führung.

Auf einem kaum sichtbaren, schmalen Pfad führte Angie die beiden sicher durch das Dickicht. Der Regen prasselte unaufhörlich, doch Angie wusste genau, wohin sie mussten. Plötzlich tauchte ein umgestürzter Baum auf – eine natürliche Barriere, die den Weg versperrte. Ohne zu zögern, sprang Angie darüber, drehte sich um und wartete geduldig auf Karin.

Mit zitternden Händen kletterte Karin über den Baumstamm. Ihr Vertrauen in Angie gab ihr die Kraft, weiterzugehen. Auf der anderen Seite entdeckten sie eine kleine, verborgene Höhle, deren Eingang von dichtem Gestrüpp verdeckt war. Angie schnüffelte kurz, schob sich hinein und schien Karin einzuladen, ihr zu folgen.

In der Höhle herrschte wohltuende Stille. Zwar trommelte der Regen weiterhin auf die Blätter über ihnen, doch hier waren sie sicher und trocken. Karin ließ sich auf den kühlen Boden nieder, ihre nasse Kleidung schmiegte sich an sie – und ein Gefühl der Geborgenheit erfüllte sie. Angie legte sich neben sie, drückte ihre feuchte Schnauze sanft an Karins Hand und schloss beruhigt die Augen.

„Du bist wirklich etwas Besonderes", flüsterte Karin, während sie liebevoll durch Angies Fell strich. „Du hast uns in Sicherheit gebracht." Angie schnaufte leise, als wollte sie sagen, dass alles in Ordnung sei.

Langsam ließ das Donnergrollen nach, und das Prasseln des Regens verklang. Als die ersten Sonnenstrahlen die Höhle erhellten und das Wasser auf den Blättern sanft glitzerte, traten sie gemeinsam hinaus. Der Wald wirkte wie neu belebt – die Luft war frisch und klar, und das satte Grün der Natur strahlte in voller Kraft. Der Rückweg fiel ihnen nun leichter; jeder Schritt glich einem Tanz in Harmonie mit der Natur. Angie lief voraus, leichtfüßig und voller Freude, während Karin jeden Moment dieser Wiedervereinigung mit der Natur in sich aufnahm.

Zu Hause angekommen, legte sich Angie erschöpft auf ihr Kissen, während Karin sich mit einer heißen Tasse

Tee in den Sessel kuschelte. Sie dachte an den Moment, als sie sich verloren fühlte und wie Angie sie mit ihrer ruhigen Führung zur Sicherheit brachte. „Ein Band aus Vertrauen", flüsterte sie lächelnd. Als Angie sie anblickte, war ihr klar: Gemeinsam konnten sie alles überwinden.

An jenem Abend entwickelte sich ein neues Ritual zwischen den beiden. Nachdem die Welt zur Ruhe gekommen war, folgte Angie Karin ins Schlafzimmer und legte sich mit einem zufriedenen Seufzer an das Fußende des Bettes. Ihre Anwesenheit spendete Karin Trost; das sanfte Heben und Senken von Angies Atem wirkte beruhigend wie ein Wiegenlied.

Karin spürte die Wärme, die von ihrer treuen Gefährtin ausging, und streckte die Hand aus, um Angies weiches Fell zu berühren. „Gute Nacht, meine Liebe", flüsterte sie, bevor sie die Augen schloss. Angie blinzelte einmal, rollte sich zusammen und schlief ein – ihr Herz im Einklang mit Karins, getragen von dem unsichtbaren Band des Vertrauens.

So endete jeder Tag mit der stillen Gewissheit, niemals allein zu sein – zwei Seelen, die sich inmitten des Chaos der Welt gefunden hatten.

Neue Heraus- forderungen

Mit der wachsenden Vertrautheit zwischen Karin und Angie zog ein tiefes Gefühl des inneren Gleichgewichts in ihr Leben ein. Doch wie es der Lauf der Dinge oft vorgibt, hatte das Schicksal immer wieder neue Überraschungen in petto. Karin fühlte, dass sie mit Angie noch viele unentdeckte Facetten des Lebens erleben würde.

Eines Morgens, als die Sonne gerade die ersten Strahlen über die Dächer schickte, erhielt Karin einen Anruf von einer alten Freundin. Sie lud sie zu einem Hundewettbewerb in der Nachbarstadt ein. Es handelte sich um einen kleinen, freundlichen Wettbewerb, bei dem es weniger um den Sieg als vielmehr um die Freude am Mitmachen ging. Karin zögerte, denn Angie war nie speziell trainiert worden. Solche Veranstaltungen waren für beide

Neuland. Doch ihre Freundin war überzeugt, dass dies eine wunderbare Gelegenheit sei, Angie in einem neuen Licht zu erleben und ihre stillen, verborgenen Talente zu entdecken.

„Was hältst du davon, Angie?" fragte Karin mit einem Lächeln, während sie in die glänzenden Augen ihrer Hündin blickte. Angie wedelte enthusiastisch mit dem Schwanz – als hätte sie bereits die Aufregung und den Spaß gespürt, die der Tag mit sich bringen würde.

Die nächsten Tage waren erfüllt von einer Mischung aus Spiel und Übung. Gemeinsam trainierten sie. Probierten einfache Hindernisse aus und ließen sich von der Freude an der Bewegung leiten. Angie zeigte überraschendes Geschick: Sie sprang mit Leichtigkeit über kleine Hürden, meisterte den Slalom und war stets aufmerksam, immer bereit, Karin zu gefallen. Es war nicht nur ihre Beweglichkeit, die Karin faszinierte, sondern auch der Blick in ihren Augen – die Freude, die sie ausstrahlte, war ansteckend und machte das Training zu einem echten Erlebnis. Karin erkannte, wie sehr Angie es liebte, gefordert zu werden und wie sehr sie es genoss, gemeinsam neue Dinge zu entdecken.

Der Tag des Wettbewerbs kam schneller, als Karin es erwartet hatte. Die Sonne strahlte vom Himmel, und auf dem Wettbewerbsareal herrschte ein fröhliches Treiben. Hunde aller Rassen und Größen rannten aufgeregt umher, während ihre Besitzer die letzten Vorbereitungen trafen. Karin spürte eine Nervosität, die sich wie ein leichter Knoten in ihrem Magen festsetzte. Doch ein

Blick auf Angie, die ruhig an ihrer Seite saß und mit ihren bernsteinfarbenen Augen die Menschen um sie herum betrachtete, beruhigte sie. Die Hündin schien völlig gelassen, als wüsste sie genau, dass alles gut werden würde.

Der Wettbewerb begann mit einfachen Aufgaben, die Angie mit einer Leichtigkeit meisterte, die Karin stolz machte. Nicht nur ihre Geschicklichkeit, sondern auch die tiefe, beinahe unsichtbare Verbindung zwischen den beiden beeindruckte die Zuschauer. Jedes von Karin gegebene Kommando setzte Angie mit Freude und Präzision um. Applaus erfüllte die Luft, und Karin spürte eine Welle des Stolzes, die in ihr aufstieg, als sie sah, wie Angie glänzte.

Doch die wahre Herausforderung sollte erst noch kommen. Bei der nächsten Disziplin entdeckte Angie ein kleines, verängstigtes Kind am Rand des Feldes. Ohne zu zögern lief sie zu ihm, setzte sich behutsam neben das Mädchen und leckte sanft dessen Hand – als wollte sie ihm sagen: „Alles ist in Ordnung." Die Augen des Kindes, noch voller Angst, begannen zu erweichen. Es schenkte der Hündin ein schüchternes Lächeln und streichelte vorsichtig ihr Fell. Die Furcht schwand, als wäre sie mit einem einzigen Wisch aus der Luft genommen worden.

Karin konnte ihre Rührung kaum verbergen, als sie die Szene beobachtete. In diesem Moment offenbarte sich Angies wahre Essenz: Ihre Fähigkeit, Trost zu spenden, ohne ein Wort zu verlieren, ihre tiefe Empathie und ihre einfühlsame Art. Plötzlich traten der Wettbewerb und alle Aufgaben in den Hintergrund – was zählte, war die

Verbindung, die Angie zu jedem um sie herum aufbauen konnte. Es war mehr als nur ein Wettkampf; es war ein Akt der Freundlichkeit, der Wärme und der Liebe.

Am Ende des Tages gingen Karin und Angie ohne Preis nach Hause, doch sie waren die unangefochtenen Sieger der Herzen. Die Veranstalter lobten Angies außergewöhnliches Verhalten, und das kleine Mädchen verabschiedete sich mit einem strahlenden Lächeln und einem festen Händedruck von seiner neuen tierischen Freundin. Karin fühlte sich überwältigt von dem, was sie gerade erlebt hatten.

Auf dem Heimweg, als die Sonne langsam unterging und den Himmel in warme Töne tauchte, blickte Karin zu Angie, die zufrieden auf der Rückbank lag und die vorbeiziehende Landschaft betrachtete. „Du hast mich wieder einmal überrascht, meine Liebe", flüsterte sie. „Nicht nur durch das, was du kannst, sondern vor allem durch das, was du bist."

Nach diesem emotionalen Tag fühlten sich Karin und Angie noch enger miteinander verbunden. Das Schicksal hatte noch mehr Überraschungen für sie. In den folgenden Wochen bemerkte Karin, dass Angie ein besonders feines Gespür für die Stimmungen und Emotionen von Menschen hatte. Zunächst aus Neugier, später mit wachsendem Interesse, begann Karin, Angie zu Trainingsstunden für Therapiehunde zu begleiten. Eine Freundin von ihr leitete solche Programme, und schnell wurde klar, dass Angie eine natürliche Begabung hatte.

Die Trainingsstunden eröffneten beiden eine neue

Welt. Karin lernte, wie sie Angies Fähigkeiten gezielt fördern konnte, und Angie blühte regelrecht auf. Sie schien genau zu wissen, wann jemand Trost brauchte – sei es ein älterer Herr, der an vergangene Zeiten dachte, oder ein kleines Kind, das gerade erst das Laufen lernte. Ihre ruhige Präsenz war für alle Beteiligten eine Quelle der Beruhigung und des Trostes. In dieser neuen Umgebung fand Angie nicht nur ihre Bestimmung, sondern schenkte auch anderen Menschen unermessliche Freude.

Karin war beeindruckt, wie schnell Angie die neuen Aufgaben meisterte und ermutigte sie, ihr volles Potenzial auszuschöpfen. Es war, als hätten beide eine neue Bestimmung gefunden – nicht nur füreinander, sondern auch für andere Menschen da zu sein.

Ein ganz besonderer Moment ereignete sich, als Karin und Angie eine Einladung zu einem Besuch im örtlichen Pflegeheim erhielten. Die Bewohner freuten sich sehr auf den Besuch der Therapiehunde. An einem sonnigen Nachmittag betraten sie gemeinsam das Heim, begleitet von neugierigen Blicken und freudigem Murmeln der Bewohner. Angie bewegte sich mit erstaunlicher Ruhe durch die Räume. Ließ sich von den Menschen streicheln und legte ihren Kopf sanft in die Hände der älteren Damen und Herren. Ihre bloße Anwesenheit zauberte ein Lächeln auf die Gesichter – selbst einer Dame, die schon lange kaum mehr sprach, schenkte Angie neue Lebensfreude und ein Stück Lebensmut.

Karin empfand in diesen Momenten eine tiefe Erfüllung, die schwer in Worte zu fassen war. Angie war nicht nur ein fester Bestandteil ihres Lebens, sondern auch ein Geschenk für andere. Die Idee, regelmäßig solche Besuche zu machen, nahm schnell Gestalt an. Es war ein Weg, die besondere Verbindung, die sie miteinander teilten, mit der Welt zu teilen, um Trost und Freude zu bringen.

Der Tag im Pflegeheim war der Beginn einer neuen Reise. Karin und Angie beschlossen, sich intensiver auf diese Aufgabe zu konzentrieren und einen Weg zu finden, mit Angies besonderen Fähigkeiten anderen zu helfen. Ein neuer Pfad, voller Hoffnung, Freude und Herausforderungen, öffnete sich vor ihnen.

Als der ereignisreiche Tag zu Ende ging, saßen Karin und Angie gemeinsam auf der Veranda ihres kleinen Hauses. Die Sonne senkte sich langsam über den Horizont und tauchte die Welt in ein warmes, goldenes Licht. Ein leichter Wind raschelte durch die Blätter der Bäume, und die Vögel sangen ihre letzten Lieder, bevor die Nacht hereinbrach

Im sanften Schein des Mondlichts bereitete sich Karin wie gewohnt aufs Zubettgehen vor. Angie wartete geduldig, bis Karin sich unter die weiche Decke kuschelte. Dann sprang sie, wie es zu ihrem Ritual geworden war, leichtfüßig aufs Bett und legte sich an ihre Seite. Ihr warmer Körper schmiegte sich vertraut an Karin, ihre sanften Augen schlossen sich langsam – und ein zufriedenes Seufzen entwich.

Karin streichelte sanft über Angies Kopf und flüsterte: „Gute Nacht, meine Liebe." Ein leises Wedeln des

Schwanzes war Angies Antwort, bevor sie sich in einen ruhigen, tiefen Schlaf fallen ließ. In der Stille der Nacht, begleitet nur vom gleichmäßigen Atmen der beiden, spürte Karin eine tiefe Gewissheit: Solange sie zusammen waren, würden sie alles bewältigen können.

So endete ein weiterer Tag – als stilles Versprechen, füreinander da zu sein, egal was kommen mochte. Und gemeinsam träumten sie von den Abenteuern, die der nächste Tag bringen würde.

Verborgene Geheimnisse des Waldes

Die Tage wurden kürzer, und der Herbst hüllte den Wald in ein atemberaubendes Farbenspiel aus Rot, Gold und Braun. Angie und Karin genossen es, durch das raschelnde Laub zu streifen, die frische, kühle Luft zu atmen und die letzten warmen Sonnenstrahlen des Jahres zu erhaschen. Eines Morgens, als sich der Nebel sanft über die Wiesen legte und die Welt in ein mystisches Licht tauchte, beschlossen sie, einen neuen, bislang unerforschten Pfad zu erkunden, der weiter in den Wald hineinführte.

Der schmale, gewundene Weg war von hohen, knorrigen Bäumen gesäumt, deren Äste sich wie ausgebreitete Arme in den Himmel reckten. Angie sprang voraus, die

Schnauze dicht am Boden, als würde sie eine unsichtbare Spur verfolgen. Karin folgte ihr mit einem Lächeln im Gesicht, gespannt darauf, was dieser geheimnisvolle Pfad für sie bereithielt.

Plötzlich hielt Angie inne, ihre Ohren gespitzt. Sie bellte leise und drehte sich dann um, als wollte sie Karin mit einem Blick warnen oder ihr etwas mitteilen. Neugierig trat Karin näher und bemerkte, dass Angie vor einem dichten Busch stehen geblieben war. Als sie die Zweige beiseiteschob, öffnete sich vor ihr der Blick auf eine kleine, verwunschene Lichtung. Inmitten der grünen Idylle stand ein alter Brunnen, dessen Steine von Moos überwuchert und von der Zeit gezeichnet waren. Eine besondere Stille hing in der Luft, als hätte dieser Ort etwas Magisches an sich.

„Wow, Angie, was hast du da gefunden?", murmelte Karin, fasziniert von diesem geheimen Ort, den Angie entdeckt hatte.

Mit einem stolzen Wedeln des Schwanzes sprang Angie um den Brunnen herum, als wollte sie Karin zeigen, dass dies ihr geheimer Ort war, den sie nun mit ihr teilte.

Karin setzte sich auf die Mauer des Brunnens und blickte in die dunkle Tiefe, in der sie leise das sanfte Plätschern des Wassers hören konnte. Sie fragte sich, wie alt dieser Brunnen wohl war und welche Geschichten er in seinem Inneren verbarg. Angie legte sich entspannt neben sie und leckte sanft ihre Pfoten. Mit diesem vertrauten Schmatzen riss sie Karin immer wieder sanft aus ihren Gedanken.

Lange verweilten sie in der Lichtung, um die Ruhe und die geheimnisvolle Atmosphäre in sich aufzunehmen. Es schien fast so, als wäre dieser Ort nur für sie beide geschaffen worden. Die Welt um sie herum stand für einen Moment still. Mit dem Aufstieg der Sonne und dem sich langsam lichtenden Nebel beschlossen sie, den Rückweg anzutreten, doch nicht ohne sich zu versprechen, bald zurückzukehren.

Der alte Brunnen wurde zu ihrem kleinen, geheimen Rückzugsort. Jeden Tag machten sie sich auf, um erneut dorthin zu gehen, erkundeten die Umgebung und genossen die friedliche Stille, die sie immer wieder an diesem Ort fanden. Angie wirkte jedes Mal lebhafter, als würde sie spüren, dass dieser besondere Platz für sie von Bedeutung war.

Eines Tages nahm Karin eine kleine Laterne mit, um den Brunnen näher zu untersuchen. Das klare, ruhige Wasser reflektierte das Licht der Laterne und schimmerte im Schein der flackernden Flamme. Karin dachte laut: „Vielleicht sollte ich mehr über diesen Ort herausfinden. Es muss eine Geschichte dahinter geben." Angie beobachtete aufmerksam das Lichtspiel auf der Wasseroberfläche, als wollte sie die Geheimnisse des Brunnens ergründen.

Als sie an jenem Abend heimkehrten, kuschelte sich Angie, wie so oft, eng an Karin, als sie sich ins Bett legten. Die wohltuende Nähe und die Erinnerungen an den mystischen Brunnen ließen beide schnell in einen erholsamen Schlaf sinken. In dieser Nacht träumte Karin von all den Geschichten, die der Brunnen vielleicht bergen könnte. Auch die Geheimnisse, die der Wald für sie bereithielt, schienen in ihren Gedanken lebendig zu werden.

Das Geheimnis des Brunnens

Die Tage vergingen, und Karins Neugier auf den geheimnisvollen Brunnen ließ sie nicht zur Ruhe kommen. Eines Morgens, noch bevor die Sonne den Horizont berührt hatte, weckte Angie sie sanft mit einem Schnauzenstupser – als wüsste die Hündin, dass heute ein besonderer Tag anbrach. Verschlafen lächelte Karin, streichelte Angie und fragte leise: „Bereit für ein weiteres Abenteuer, Mädchen?"

Mit einer Taschenlampe und einer kleinen Tasche voller Vorräte machten sich die beiden auf den Weg zur Lichtung, in der der alte Brunnen stand. Der Wald lag still und friedlich – nur das Knirschen des Laubs unter ihren Füßen und Angies leises Schnaufen durchbrachen die Morgenstille. Die Luft war frisch und roch nach feuchtem Holz und Moos.

Als sie den Brunnen erreichten, stellte Karin die Tasche ab und schaltete die Taschenlampe ein. Das warme Licht tanzte über die moosbedeckten Steine, während Angie neugierig herumschnüffelte. Karin kniete sich nieder, leuchtete in die dunkle Tiefe des Brunnens und entdeckte eine kleine Vertiefung im Mauerwerk. Zögernd streckte sie die Hand aus und berührte die kühle Oberfläche eines rostigen Metalls – es war ein alter Schlüssel.

„Was ist das denn?", murmelte Karin überrascht, während Angie nahe herankam und schnupperte. Der Fund schien mehr als nur ein Zufallsfund zu sein. In den folgenden Tagen durchstreiften Karin und Angie die Umgebung, stets auf der Suche nach einem Schloss oder einer Tür, die zu diesem Schlüssel passte. Ihre Spaziergänge wurden zu kleinen Abenteuern, bei denen sie unbekannte Wege erkundeten und versteckte Ecken entdeckten.

An einem sonnigen Nachmittag, als die bunten Blätter im warmen Licht leuchteten, stießen sie auf eine mit Efeu überwucherte Holztür, die fast unsichtbar in einen Felsen eingelassen war. Karin kniete sich hin und entfernte vorsichtig den Efeu. Dahinter offenbarte sich ein kleines, verrostetes Schloss. „Das ist es, Angie", flüsterte sie aufgeregt. Sie holte den Schlüssel hervor und steckte ihn behutsam ins Schloss. Ein leises Klicken erfüllte die Luft und schon öffnete sich die Tür knarrend einen Spalt.

Hinter der Tür führte ein schmaler Gang in den Felsen, dessen Wände von Moos bedeckt waren. Im Lichtschein der Taschenlampe bemerkte sie geheimnisvolle

Zeichnungen, die eingraviert schienen. Neugierig traten Karin und Angie ein und schlossen die Tür hinter sich, um das Geheimnis nicht preiszugeben.

Am Ende des Ganges öffnete sich ein kleiner Raum, in dessen Mitte ein steinerner Altar stand. Auf diesem Altar lag ein altes Buch mit vergilbten Seiten, das wie ein Tagebuch wirkte. Karin trat näher, blätterte vorsichtig darin und las von der Magie des Ortes – von einer Quelle, die Wünsche erfüllen konnte, wenn man mit reinem Herzen kam.

Nachdem sie den geheimnisvollen Fund im Felsraum verarbeitet hatte, kehrten Karin und Angie nach Hause zurück. Doch das Abenteuer war damit noch lange nicht zu Ende. In den folgenden Tagen vertiefte sich Karin in das Tagebuch, das ihr den Brunnen als einen Ort offenbarte, an dem Träume, Liebe und Hoffnung lebendig waren.

Eine Passage erregte besonders ihre Aufmerksamkeit: „Stelle dich bei Einbruch der Dämmerung an den Rand des Brunnens, flüstere deinen innigsten Wunsch und wirf eine Münze hinein. Wenn das Wasser still bleibt, wird dein Wunsch erhört."

Angetrieben von dieser Anleitung und dem wachsenden Gefühl, dass der Brunnen mehr als nur ein Relikt vergangener Zeiten war, fasste Karin den Entschluss, die Kraft dieses Ortes selbst zu erproben. Am nächsten Abend, als die Sonne den Horizont berührte und die Welt in warmes, goldenes Licht tauchte, machten sich Karin und Angie erneut auf den Weg zum Brunnen. Die Luft war kühl, und das Rascheln der Blätter verlieh der Szene eine fast schon mystische Aura. In Karins Hand ruhte eine alte Münze – ein Erbstück ihrer Großmutter, das sie immer bei sich trug. Ihre Großmutter hatte ihr oft erzählt, dass diese Münze Glück bringe und einen Menschen in schweren Zeiten beschützen könne. Als Karin das kühle Metall in der Hand drehte, spürte sie die Erinnerung an ihre Großmutter ganz nah bei sich.

Vor dem Brunnen hielt Karin inne. Sie schloss ihre Augen und ließ die kühle Brise über ihr Gesicht streichen. Mit leiser, zitternder Stimme flüsterte sie ihren innigsten Wunsch: „Möge dieser Ort Frieden und Freude bringen für alle, die ihn betreten." Dann warf sie die Münze in den Brunnen und hielt den Atem an – gespannt darauf, ob das Wasser zur Ruhe kommen würde. Allmählich verebbte das leise Plätschern, bis der Brunnen vollkommen still war. Minuten vergingen in angespannter Erwartung, bis Karin in der tiefen Stille des Waldes schließlich das ersehnte Zeichen wahrnahm: Das Wasser blieb ungerührt und ihr Wunsch wurde vernommen.

In den darauffolgenden Tagen bemerkte Karin, dass der Brunnen auch auf die Tiere eine besondere Anziehungskraft ausübte. Vögel kamen, um zu trinken, Rehe trauten sich näher, und selbst kleine Füchse wagten sich in seine Nähe – als strahlte der Ort eine unsichtbare, beruhigende Kraft aus.

Einige Tage später, nach einem kräftigen Regen, fiel Karins Blick auf etwas Glänzendes, das zwischen den Steinen am Brunnenrand hervorschimmerte. Sie kniete sich hin und zog einen alten, mit Moos bedeckten Ring hervor. Der kunstvoll gearbeitete Reif, verziert mit einem kleinen, schimmernden Edelstein, strahlte eine wohltuende Wärme aus. Karin betrachtete ihn lange und spürte eine unerklärliche Verbindung zu diesem kleinen Schmuckstück. Sie erinnerte sich an die geheimnisvollen Einträge im Tagebuch – an die berührende Geschichte von einem jungen Paar, das sich an diesem Ort verliebte und den Ring als Zeichen ewiger Liebe zurückließ. Der Eintrag endete mit den Worten: „Liebe ist die größte Magie, die dieser Brunnen kennt."

Karin drückte den Ring fest an sich, während sie zu Angie hinübersah. „Vielleicht hat uns der Brunnen dieses Geschenk nicht ohne Grund gegeben", flüsterte sie.

Angie legte ihren Kopf sanft auf Karins Knie und blickte sie an, als verstünde sie die Tiefe dieser Worte. Der Brunnen war mehr als ein alter, stiller Ort – er war Zeuge von Generationen, ein Hort voller Träume, Wünsche und der unerschütterlichen Kraft der Liebe.

In den stillen Stunden der Nacht, wenn das Haus in Dunkelheit lag und nur Angies gleichmäßiges Atmen zu hören war, dachte Karin über all die Geschichten nach, die der Brunnen noch zu erzählen hatte. Sie wusste, dass dies erst der Anfang war … und sie – mit Angie an ihrer Seite – bereit war, jedes Geheimnis zu lüften, das dieser wundersame Ort für sie bereithielt.

Botschaft des Brunnens

Der kunstvoll gearbeitete Ring, den sie am Brunnen gefunden hatte, lag nun in einer kleinen Schatulle auf ihrem Nachttisch. Neben ihm befand sich das fast täglich studierte Tagebuch. Der Ring war nur ein erster Hinweis auf all das, was dieser Ort zu offenbaren vermochte. Karin spürte, dass noch viel mehr verborgen lag. Etwas, das nur darauf wartete, ans Licht zu kommen.

Eines Nachmittags, die Sonne strahlte golden durch die Bäume, beschloss Karin, erneut mit Angie zum Brunnen zu gehen. Es war ein ruhiger Tag. Die warme Luft, das Summen der Insekten und das leise Rascheln der Blätter schufen eine fast magische Melodie der Natur. Angie lief wie gewohnt voraus, schnüffelte an den Blumen und genoss die Freiheit des Waldes. Karin setzte sich auf die weichen, grasbedeckten Steine am Brunnen und ließ ihren Blick über die glatte Wasseroberfläche schweifen.

Plötzlich bemerkte sie, wie ein Lichtstrahl den Brunnenboden berührte und ein verwittertes Symbol sichtbar wurde – eine alte Inschrift, kaum lesbar, aber eindeutig. Neugierig beugte sich Karin vor und fuhr mit den Fingern vorsichtig über die Kante des Brunnens. „Was meinst du, Angie? Sollen wir herausfinden, was das ist?", fragte sie, während ihre Hündin zustimmend bellte.

Karin holte ein kleines Netz aus ihrem Rucksack und tauchte es vorsichtig ins Wasser. Es dauerte einen Moment, bis sie das Medaillon fand. Das tiefblaue, kunstvoll gearbeitete Schmuckstück, verziert mit einem schimmernden Edelstein, glitzerte im schwachen Licht. Ein kalter, fast mystischer Schauer durchfuhr sie, als sie es in den Händen hielt.

Mit zitternden Fingern öffnete sie das Medaillon und entnahm ein zart zusammengerolltes Pergament. Die Ränder fühlten sich brüchig und abgenutzt an. Als sie es vorsichtig entfaltete, wurde die Schrift auf dem Papier sichtbar. Ihr Herz schlug schneller, als sie die Worte las:

„Dem Finder dieses Medaillons: Möge dein Herz rein sein, und mögest du den Weg finden, den das Licht dir weist. Suche den alten Baum, dessen Äste den Himmel umarmen. Dort wirst du die Wahrheit entdecken."

Karin sah zu Angie, deren Augen aufmerksam funkelten. „Ein weiterer Hinweis", flüsterte sie. „Ein Baum, der den Himmel umarmt ... Sollen wir ihn suchen?" Angie

wedelte freudig, als spürte sie die Aufregung und Vorfreude, die in Karin wuchs.

Am nächsten Morgen machten sich Karin und Angie
auf den Weg, den geheimnisvollen Baum zu finden. Sie
gingen langsam, fast achtsam, durch den Wald. Der Duft
von feuchtem Moos lag in der Luft, und die Vögel sangen
ihre Lieder in den Baumkronen. Die beiden folgten alten
Pfaden, die sich windend durch das Dickicht schlän-
gelten. Es war, als würden die Bäume ihnen eine Richtung weisen, doch jeder Schritt brachte neue Fragen und
Geheimnisse. Karin lauschte dem Wispern der Blätter,
das wie ein sanftes Flüstern durch den Wald zog.

Die Sonne drang nur spärlich durch das Blätterdach,
tauchte den Wald in ein gedämpftes, fast geheimnisvolles
Licht. Immer wieder blieben sie stehen, betrachteten die
Bäume und ließen den Blick über die teils zerklüfteten
Wurzeln und das dichte Laub gleiten. Karin fühlte sich
immer mehr mit der Umgebung verbunden, als ob der
Wald selbst eine Geschichte erzählte, die nur darauf war-
tete, entdeckt zu werden.

Es dauerte eine Weile, bis sie schließlich auf einen besonders mächtigen Baum stießen. Er stand fest und ehr-
würdig im Boden, und seine Äste reichten beinahe bis
in den Himmel. Die Rinde war rau und von der Zeit gezeichnet, doch sie strahlte eine stille Stärke aus. Karin trat
näher und legte vorsichtig ihre Hand auf den Stamm. Ihre
Finger fanden eine kleine Vertiefung, die fast unschein-
bar wirkte. Doch etwas an ihr ließ sie zögern – ein Gefühl, dass sie hier richtig war.

Mit einem leisen Kratzen zog sie ein Kästchen hervor, das mit einem alten, rostigen Schloss verschlossen war. Es schien, als sei das Medaillon, das sie gefunden hatte, der Schlüssel zu diesem Geheimnis gewesen. Mit einem kaum hörbaren Klick öffnete sich das Kästchen. Darin lag ein Bündel vergilbter Briefe, die von längst vergangenen Zeiten erzählten.

Die Briefe erzählten von verlorener Liebe, aber auch von Träumen, die in diesem Wald geboren wurden und der Hoffnung, dass jemand die Magie dieses Ortes wiederentdecken würde. Tränen der Rührung stiegen in Karins Augen, als sie die letzten Worte las: „Möge der Finder dieser Briefe den Mut haben, seine eigenen Träume zu leben und die Magie in der Welt zu sehen, die wir hinterlassen haben."

In diesem Moment spürte Karin, wie sich etwas in ihr veränderte. Die Worte aus längst vergangenen Zeiten öffneten eine verborgene Tür in ihrem Herzen. Der Brunnen schenkte ihr nicht nur Geschichten und Erinnerungen. Er offenbarte ihr auch eine Gabe – eine Fähigkeit, Angie auf eine Weise zu verstehen, die weit über gewöhnliche Kommunikation hinausging.

Später, als Karin und Angie wieder auf der Veranda saßen und die vertrauten Geräusche des Gartens sie umgaben, spürte Karin, dass etwas in ihrer Seele erwacht war. Ihre Gedanken wurden klarer, und plötzlich vernahm sie eine leise, sanfte Stimme in ihrem Geist: Alles wird gut, Karin."

„Überrascht blickte sie sich um, doch niemand war zu sehen. Als sie Angie ansah, schien es, als läge in den treuen Augen ihrer Hündin eine stille Gewissheit. „Ich bin es, Angie", sagte die Stimme – nicht mit Worten, sondern direkt in Karins Herz.

„Nicht mit Worten, sondern mit Gedanken", erklang es sanft weiter. „Wir sind verbunden, du und ich. Seit dem Brunnen hat sich etwas geöffnet – etwas, das immer in uns geschlummert hat. Ich kann fühlen, was du fühlst, und du kannst meine Gedanken hören, wenn du es zulässt."

In diesem Augenblick durchströmte Karin eine tiefe, überwältigende Freude. Tränen der Rührung liefen über ihre Wangen, während sie Angie sanft über den Kopf strich. „Das ist so wunderschön", flüsterte sie.

Die Nacht senkte sich, und der Himmel funkelte mit unzähligen Sternen. Noch lange saßen Karin und Angie draußen in einer Stille, die reicher war als jedes gesprochene Wort – eine Stille, in der ihre Herzen in vollkommenem Einklang flüsterten. Später, als sie ins Bett gingen, spürte Karin Angies Präsenz nicht nur körperlich, sondern auf einer tiefen seelischen Ebene. Ihre Seelen waren miteinander verflochten und Karin wusste, dass sie nie wieder allein sein würde.

Bevor der Schlaf sie übermannte, vernahm sie noch einmal Angies sanfte Stimme in ihrem Geist: „Schlaf gut, Karin. Ich bin hier – immer." Mit einem friedlichen Lächeln erwiderte Karin: „Danke, Angie. Ich auch."

So schloss sich ein wundersames Kapitel, das mit dem Brunnen begonnen hatte – einem Ort, der Karin für Größeres öffnete und ihr die Gabe der telepathischen

Tierkommunikation schenkte. In dieser stillen Verbindung fanden sie nicht nur Antworten, sondern auch die Kraft, gemeinsam in eine Zukunft voller Magie und unendlicher Möglichkeiten zu schreiten.

Harmonie und Vertrauen

Die Tage vergingen in einer sanften, fast magischen Ruhe, die Karins und Angies Leben erfüllte. Ihre Verbindung war mittlerweile stärker als je zuvor – sie verstanden einander ohne Worte, als umhüllte sie ein unsichtbarer Mantel der Harmonie.

An einem besonders milden Morgen beschloss Karin Angie zu einem ihrer Lieblingsorte zu führen: einer abgelegenen Lichtung tief im Wald, die sie selten besuchten. Der Tau auf den Bäumen und der Duft des Holzes mischten sich mit dem Rascheln der Blätter im Wind. Als die Sonne über dem Horizont aufging, lächelte Karin. „Bereit für ein kleines Abenteuer, Angie?" Sie schulterte ihren Rucksack, während die Hündin mit leichten, freudigen Sprüngen neben ihr herlief.

„Immer, Karin. Solange wir zusammen sind", schien die Hündin zu sagen.

Der Weg durch den stillen Wald war von einem sanften Konzert aus Vogelgesang und dem beruhigenden Murmeln der Natur begleitet. Karin spürte, wie die Leichtigkeit ihr Herz erfüllte, während sie sich immer sicherer war, dass auch Angie diese Ruhe empfand.

Als sie die Lichtung erreicht hatten, offenbarte sich ihnen ein atemberaubendes Bild: Hohe Gräser, die im Wind tanzten, bunte Blumen, die in voller Blüte standen, und in der Mitte ein klarer, kühler Bach. Er plätscherte sanft über die Steine. Karin ließ sich auf einen großen, moosbedeckten Stein nieder und zog ihre Schuhe aus, um ihre Füße in das erfrischende Wasser zu tauchen. Angie legte sich behutsam an ihre Seite, den Kopf auf Karins Schoß ruhend – ein stilles Band, das mehr sagte als tausend Worte.

„Hier ist es so friedlich", dachte Karin, während sie in sich hinein hörte. In diesem Moment vernahm sie Angies sanfte Stimme in ihrem Geist: „Ja, es ist perfekt – wie wir."

Karin lachte leise und streichelte Angies Fell. „Perfekt? Das ist ein großes Wort", entgegnete sie, doch in ihren Augen lag ein warmes Verständnis. In den kleinen Gesten des Alltags zeigte sich immer wieder, wie tief ihr Vertrauen wuchs: Angie wusste instinktiv, wann Karin Trost brauchte. Sie legte in solchen Momenten einfach ihren Kopf auf Karins Knie und schenkte ihr damit stille Zuversicht.

Während eines Spaziergangs durch den Wald stolperte Karin über eine Wurzel und fiel unglücklich hin. Noch bevor sie sich vollständig fassen konnte, war Angie bereits an ihrer Seite, ihre Augen voller Sorge. Sanft leckte sie Karins Hand, als wolle sie sagen: „Ich bin hier. Alles wird gut."

„Danke, Mädchen", murmelte Karin lächelnd, während sie sich aufrappelte. In ihrem Geist vernahm sie Angies beruhigende Worte: „Ich passe immer auf dich auf." Diese Geste ließ Karins Herz vor Rührung aufgehen.

Mit jedem Tag wuchs das Vertrauen zwischen den beiden – als wären sie zwei Hälften eines Ganzen, die sich perfekt ergänzten. Dieses Gefühl verlieh Karin neue Kraft und Zuversicht, die sie durch ihren Alltag trugen. Abends, wenn der Tag in sanfte Dunkelheit überging, setzten sie sich oft auf die Veranda und betrachteten den sternenklaren Himmel. In diesen stillen Momenten, die nur ihnen gehörten, fühlte sich Karin vollständig. Das Leben hatte ihr eine kostbare Gabe geschenkt – eine Freundschaft, die alle Grenzen überstieg und in einem tiefen Vertrauen wurzelte.

„Was denkst du gerade?", fragte Karin eines Abends leise, während sie Angie sanft streichelte. „Wie schön es ist, hier bei dir zu sein", antwortete Angie mit einem Seufzen der Zufriedenheit in Karins Geist. „Und wie dankbar ich bin, dass wir uns gefunden haben." „Ich auch, Angie. Ich auch." So verbrachten sie ihre Tage in der Gewissheit, dass sie immer füreinander da sein würden – in einer Harmonie, die im stillen Vertrauen zwischen zwei Seelen wurzelte. Es war eine Zeit des Friedens und der Liebe – eine Zeit, die weder Anfang noch Ende zu haben schien.

Eine Brücke zur Tierwelt

In den Wochen, die folgten, wurde Karins Fähigkeit, Angie telepathisch zu verstehen, immer klarer. Anfangs waren es nur einfache Gedanken – Hunger, Durst, Freude –, doch allmählich empfing sie auch komplexere Gefühle und Botschaften. Karin war fasziniert von dieser neuen Welt, die sich ihr öffnete. Als verband ein unsichtbares Band sie mit allen Tieren. Tief in ihrem Innern wusste sie, dass dies erst der Anfang war.

Eines Abends, als Karin und Angie auf der Veranda saßen und den Sonnenuntergang betrachteten, blickte Angie ihr tief in die Augen – ein Blick, der sowohl Sanftheit als auch Dringlichkeit ausdrückte. Plötzlich vernahm Karin in ihrem Geist Angies leise Stimme: „Karin, es gibt mehr, dass du lernen kannst – mehr, dass wir gemeinsam entdecken können."

Verwundert fragte Karin: „Mehr? Was meinst du, Angie?"

„Es gibt Menschen, die diese Fähigkeit lehren können. Du könntest lernen, auch mit anderen Tieren zu sprechen, nicht nur mit mir. Stell dir vor, wie viele Leben du damit berühren könntest."

Diese Idee faszinierte Karin. Schon immer hatte sie eine tiefe Verbindung zur Natur gespürt, doch die Vorstellung, tatsächlich mit allen Tieren kommunizieren zu können, überstieg ihre kühnsten Träume. In den darauffolgenden Tagen ließ sie diese neue Möglichkeit nicht mehr los. Karin begann in Büchern, im Internet und in Gesprächen mit Bekannten nach Informationen über Tierkommunikation zu suchen. Dabei stieß sie auf einen Kurs, der in einer nahe gelegenen Stadt angeboten wurde: einen Kurs, der nicht nur Theorie, sondern auch praktische Übungen vorsah.

Mit wachsender Neugier und einem Schimmer von Aufregung rief sie die Kursleitung an. Die freundliche Stimme am Telefon gab ihr das Gefühl, endlich am richtigen Ort angekommen zu sein. In den nächsten Tagen meldete sich Karin verbindlich an – sie füllte Formulare aus, klärte organisatorische Details und wartete gespannt auf den ersten Kurstag. Diese Zeit des Wartens war für sie eine Phase intensiver innerer Vorbereitung; sie führte Tagebuch, notierte ihre bisherigen telepathischen Erlebnisse mit Angie und spürte, wie ihr Vertrauen in die eigene Intuition wuchs.

Am ersten Kurstag betrat Karin den Seminarraum, umgeben von Menschen, die wie sie danach strebten, ihre

Verbindung zu Tieren zu vertiefen. Zunächst war sie nervös, doch als die Kursleiterin, eine warmherzige Frau mit beruhigender Ausstrahlung, sie begrüßte – „Willkommen, Karin. Du bist genau am richtigen Ort" – schwand ihre Unsicherheit langsam. Der Kurs eröffnete Karin eine Welt voller Möglichkeiten. Sie lernte, ihre eigenen Gedanken und Gefühle noch schärfer wahrzunehmen und diese in Einklang mit denen der Tiere zu bringen. Mit jeder Übung wuchs ihre Verbindung zu Angie und auch zu anderen Tieren, die in den praktischen Übungen präsent waren.

Parallel zu ihren Kursen begann Karin zu realisieren, dass ihre neu gewonnenen Fähigkeiten weit über ihre eigene Situation hinaus Wirkung zeigen konnten. Eines Tages, als sie im Kurs von der Kraft der Tierkommunikation und dem Potenzial, anderen zu helfen, hörte, kam ihr ein Gedanke: Warum nicht das, was sie gelernt hatte, auch mit anderen teilen? Zunächst zögerte sie, denn der Gedanke, vor Menschen zu sprechen, machte ihr Angst. Doch die Erinnerungen an all die kleinen Wunder, die sie mit Angie erlebt hatte, gaben ihr den nötigen Mut.

Nach einigen Wochen intensiven Kurses und zahlreicher positiver Erlebnisse – von inneren Visionen bis hin zu spontanen telepathischen Momenten mit Angie – begann Karin, ihre Idee weiter zu konkretisieren. Sie sprach mit Freunden und Bekannten, die ihr von eigenen Schwierigkeiten im Umgang mit Tieren berichteten, und erkannte, dass es vielen Menschen ähnlich ging wie ihr anfangs. So entstand der Wunsch, einen Workshop anzubieten, in dem sie anderen beibringen konnte, achtsam mit der Tierwelt umzugehen und vielleicht selbst erste Erfahrungen in der Tierkommunikation zu sammeln.

Zunächst verfasste Karin ein Konzept: Sie skizzierte, welche Inhalte der Workshop umfassen sollte, wie Übungen und Meditationen ablaufen könnten und wie sie den Raum so gestalten würde, dass sich alle Teilnehmer geborgen fühlten. Sie nutzte ihre Notizen aus dem Kurs, fügte ihre eigenen Erfahrungen hinzu und erstellte eine kleine Broschüre, die den Teilnehmern einen Einblick in die Welt der Tierkommunikation geben sollte. Mithilfe von Freunden, die Erfahrung in der Organisation von Veranstaltungen hatten, fand sie schließlich einen geeigneten Raum in ihrer Gemeinde. Es dauerte einige Wochen der Planung – von der Festlegung der Termine über die Bewerbung des Workshops bis hin zur Einrichtung des Veranstaltungsraumes – doch allmählich nahm ihr Projekt Gestalt an.

Angie blieb dabei stets an Karins Seite und war wie immer eine stille, aber eindrucksvolle Bestätigung der Verbindung, die Karin mit der Tierwelt hatte. Während der erste Workshop in ihrem kleinen, liebevoll gestalteten Seminarraum stattfand, spürte Karin, dass ihre Teilnehmer mit offenem Herzen kamen. Kinder, Erwachsene und Senioren nahmen teil. Schon bald bildete sich eine kleine Gemeinschaft, die gemeinsam lernen und wachsen wollte. Angies ruhige, präsente Ausstrahlung schuf eine Atmosphäre des Vertrauens und der Offenheit, sodass sich die Teilnehmer schnell wohlfühlten.

Mit der Zeit wurde Karins Haus zu einem Treffpunkt für Tierliebhaber und Naturschützer. Neben den regelmäßigen Workshops organisierte sie auch gemeinsame Ausflüge in den Wald, bei denen die Besucher den natürlichen Dialog zwischen Mensch und Tier erlebten. Projekte zur Erhaltung von Lebensräumen und Sensibilisierungsaktionen schlossen sich an. Karin spürte, dass sie ihre wahre Berufung gefunden hatte.

Eines Morgens, während eines Spaziergangs im Wald, bemerkte Karin, dass die Tiere sie anders wahrnahmen. Die Vögel schienen in ihrer Nähe zu zwitschern, als wollten sie sich austauschen, und ein neugieriges Eichhörnchen wagte sich bis an ihre Füße, bevor es flink davon schlüpfte. „Es ist, als ob sie wissen, dass ich sie verstehe", dachte Karin, während sie dem stillen Dialog der Natur lauschte.

Angie führte sie schließlich zu einer kleinen Lichtung, wo eine Gruppe von Tieren – ein Reh, ein Fuchs und einige Vögel – friedlich beieinander saß. Es war, als hätten sie auf Karin gewartet. Unsicher, ob sie die Tiere stören würde, setzte sich Karin behutsam ins Gras und schloss die Augen, um sich mit der natürlichen Stille zu verbinden. Plötzlich vernahm sie eine sanfte Stimme, die nicht ihre eigene war: „Willkommen, Karin."

Sie öffnete die Augen und sah in die tiefen, verständnisvollen Blicke eines Rehs, das zu ihr sprach: „Wir wissen, warum du hier bist. Du bist eine Brücke zwischen uns und den Menschen – mit deiner Gabe kannst du helfen, das Verständnis zu vertiefen und Frieden zu schaffen."

Diese Begegnung berührte Karin zutiefst und bestätigte ihr, dass sie auf dem richtigen Weg war. Mit jeder weiteren Erfahrung wuchs ihr Vertrauen in die eigene Fähigkeit, die Welt der Tiere zu verstehen und ihre Botschaften weiterzugeben.

Als sie eines Abends nach einem besonders erfüllenden Tag wieder mit Angie zu Hause saß, flüsterte Karin: „Danke Angie, ohne dich hätte ich diese Reise nie begonnen."

Angie legte sanft ihren Kopf auf Karins Brust, und in Karins Geist klang es: „Es war immer unser Weg, Karin, wir gehen ihn gemeinsam."

So schloss sich ein bedeutender Abschnitt – eine Brücke zur Tierwelt, die Karin in eine neue Dimension führte. Ihre Verbindung zu Angie und allen Tieren wuchs stetig, bis sie bereit war, diese Gabe mit der Welt zu teilen. Mit jedem Tag, an dem sie die Workshops abhielt und gemeinsam mit ihrer wachsenden Gemeinschaft Projekte initiierte, wurde ihr bewusst, dass ihre Reise noch lange nicht zu Ende war. Sie hatte einen Ort geschaffen, an dem Menschen und Tiere in Harmonie zusammenfinden konnten, und in dieser Verbindung lag die Kraft, die Welt ein Stück besser zu machen.

Heilung und Hoffnung

Als Karin und Angie ihre bisherigen Erfahrungen mit der Tierkommunikation vertieften und immer mehr Menschen und Tiere von ihrer besonderen Verbindung berührt wurden, öffnete sich für Karin ein ganz neuer Horizont. Die Begegnungen an stillen Lichtungen und in vertrauten Wäldern ließen sie spüren, dass ihre Gabe nicht nur für Angie und sie bestimmt war – sie sollte auch anderen helfen. Dieses Gefühl trug sie sanft vom vertrauten Pfad der inneren Entwicklung in den praktischen Bereich des Engagements.

An einem ruhigen Nachmittag saß Karin an ihrem Schreibtisch, als ihr Blick auf eine E-Mail fiel. In klaren, einfühlsamen Worten schrieb eine lokale Tierrettungsorganisation: „Wir suchen Freiwillige, die mit traumatisierten Tieren arbeiten – Vertrauen wieder aufbauen und Hoffnung schenken." Die Schlagworte weckten sofort Erinnerungen an ihre eigene Reise mit Angie. Eine Welle der Inspiration durchströmte sie. Sie wusste, dass dies der nächste Schritt für sie beide sein musste.

Noch am selben Tag füllte Karin alle nötigen Formulare aus und meldete sich verbindlich bei der Organisation an. In den darauffolgenden Tagen bereitete sie sich intensiv auf ihre neue Rolle vor. Dabei führte sie ihr Tagebuch fort, in dem sie inzwischen nicht nur ihre telepathischen Erfahrungen mit Angie festhielt, sondern auch ihre Gedanken zu dieser neuen Aufgabe – als Brücke zwischen verletzten Tieren und einer Welt, die Heilung suchte.

Am vereinbarten Termin wurde Karin von Sophie, der Leiterin der Tierrettungsorganisation, herzlich empfangen. „Wir könnten wirklich jemanden wie dich gebrauchen, der versteht, wie wichtig Geduld und Liebe sind", sagte Sophie mit einem freundlichen Lächeln, während sie Karin in einen Raum führte, der bereits gut mit weiteren engagierten Freiwilligen besucht war. In dieser Atmosphäre, in der Verständnis und Empathie spürbar waren, schmolz Karins anfängliche Nervosität dahin.

Gemeinsam mit Angie nahm Karin an den ersten Treffen teil. Die Hunde, die sie dort traf, waren oft ängstlich und zurückgezogen – manche fürchteten jede Berührung, andere blickten starr vor Misstrauen. Doch Angie mit ihrer ruhigen Präsenz und ihrem sanften Wesen lockte die Tiere behutsam aus ihren Verstecken. Es begann mit kleinen Gesten – ein schnelles Schnüffeln, ein vorsichtiges Schwanzwedeln – und nach und nach öffneten sich die Tiere.

Eine der berührendsten Begegnungen war mit einem kleinen Beagle namens Max, der aufgrund seiner schweren Vergangenheit jeglichen Kontakt mied. Ohne großes Aufheben setzte sich Angie einfach in seine Nähe und legte ihren Kopf auf ihre Pfoten. Stundenlang herrschte zwischen ihnen eine stille Nähe, bis Max sich schließlich traute, neben Angie zu liegen. Für Karin war dies der Beginn einer wahren Heilung – kaum hatte sie es realisiert, kam Max eines Tages zu ihr und beschnüffelte vorsichtig ihre Hand.

Während dieser Zeit spürte Karin, wie ihre Fähigkeiten zur Tierkommunikation immer stärker wurden. Immer öfter vernahm sie ein leises Flüstern in ihrem Geist, als wollten die Tiere ihre Geschichten erzählen. Sie spürte ihre Ängste, ihre Hoffnungen und die kleinen Schritte in Richtung Heilung. Natürlich war die Arbeit nicht immer einfach. Es gab Tage, an denen der Fortschritt stillzustehen schien. Doch jedes Mal, wenn Karin mit Angie und den anderen Tieren zusammen war, überwältigte sie ein tiefes Gefühl der Erfüllung. Wahre Heilung brauchte Zeit, und sie glaubte fest an die Macht von Liebe und Vertrauen.

Eines Abends kehrten Karin und Angie nach einem langen Arbeitstag heim und Angie legte sich wie gewohnt zu Karins Füßen. Sanft strich Karin über Angies Fell und flüsterte: „Wir machen einen Unterschied, Angie, du und ich, zusammen." Damit wollte Karin ausdrücken, dass ihre gemeinsame Arbeit und ihre besondere Verbindung nicht nur oberflächlich waren, sondern tatsächlich eine positive, nachhaltige Wirkung haben. Das bedeutet, dass sie durch ihre Fürsorge und ihr Engagement einen echten Einfluss auf das Leben der Tiere – und indirekt auch auf die Menschen – ausüben. Es geht darum, dass ihre Zusammenarbeit dazu beiträgt, dass verletzte oder verängstigte Tiere Heilung, Vertrauen und Hoffnung erfahren. Karin signalisiert damit, dass sie nicht nur zufällig handelt, sondern aktiv etwas verändert und verbessert. Karin und Angie leisten gemeinsam einen bedeutsamen Beitrag, der weit über den Alltag hinausgeht. Angie hob den Kopf und blickte sie mit tiefen, verständnisvollen Augen an – in diesem Moment fühlte sich Karin sicher, dass sie den richtigen Weg eingeschlagen hatte.

Mit der Zeit häuften sich die kleinen Erfolge: Max fand ein liebevolles neues Zuhause, und auch die anderen Tiere begannen, sich zu öffnen und wieder Freude zu empfinden. Karin avancierte zu einer festen Größe in der Organisation. Ihre Arbeit mit den Tieren wurde zu einer Quelle der Hoffnung und Inspiration für alle, die ihr begegneten. Jeden Abend, wenn Karin und Angie müde, aber erfüllt von den Erlebnissen des Tages, nach Hause kamen und gemeinsam im Bett lagen, spürte Karin die tiefe Verbindung zu ihrer treuen Gefährtin umso stärker. Sie wusste, dass sie gemeinsam eine neue Welt der Heilung und Hoffnung erschaffen hatten – eine Welt, die nicht nur den Tieren, sondern auch ihnen selbst Frieden schenkte.

Die Wochen vergingen, und Karin und Angie vertieften sich weiter in ihre neue Rolle bei der Tierrettungsorganisation. Es war, als hätte sich ein neues Kapitel ihres Lebens geöffnet – voller Herausforderungen, aber auch unzähliger kleiner Siege. An einem besonders sonnigen Nachmittag brachte Sophie, die Leiterin der Organisation, eine besondere Nachricht: Ein älteres Pferd namens Luna war vor Kurzem gerettet worden. Luna hatte jahrelang unter schlechten Bedingungen gelitten und war stark traumatisiert. „Wir könnten deine und Angies Hilfe gebrauchen", sagte Sophie hoffnungsvoll. „Vielleicht könnt ihr wieder etwas Licht in Lunas Welt bringen."

Karin fühlte sich geehrt, dass Sophie an sie dachte, und stimmte sofort zu.

Am nächsten Morgen fuhren sie gemeinsam mit Angie zur Weide, auf der Luna untergebracht war. Das Pferd stand am Rande des Zauns, die Augen müde und leer – Karin konnte das tiefe Leid beinahe spüren. Angie erfasste die Situation sofort: Ohne zu zögern, näherte sich die Hündin langsam dem Zaun, blieb einige Meter vor Luna stehen, setzte sich hin und beobachtete das Pferd mit einer Mischung aus Neugier und Sanftmut, als wolle sie Luna Zeit geben, sich an ihre Anwesenheit zu gewöhnen.

Vorsichtig trat Karin näher und sprach leise: „Hallo, Luna. Das hier ist Angie. Sie ist hier, um dir zu helfen." Lunas Ohren zuckten leicht, und für einen Moment schien ein Funke Hoffnung in ihren Augen aufzuleuchten – ein kleiner, aber bedeutender Moment der Annäherung. In den folgenden Tagen kehrten Karin und Angie immer wieder zu Luna zurück. Angie zeigte beeindruckende Geduld und Einfühlsamkeit, legte sich häufig in die Nähe des Pferdes ins Gras, während Karin mit sanfter Stimme Lunas Vertrauen zu gewinnen versuchte. Allmählich entspannte sich Luna: Ihre Augen verloren etwas von ihrer Traurigkeit und sie begann, sich Angie zu nähern. Eines Tages, als sie ankamen, stand Luna erwartungsvoll am Zaun; Angie lief zu ihr und stupste liebevoll ihre Schnauze gegen Lunas Maul. Für Karin war dies der Moment, in dem sie wusste, dass Luna auf dem Weg der Heilung war.

Neben der Arbeit mit den Tieren entdeckte Karin, dass ihre telepathischen Fähigkeiten weiter wuchsen. Immer öfter nahm sie Lunas Gedanken und Gefühle in sanften Wellen wahr – eine Mischung aus Dankbarkeit und dem vorsichtigen Aufkeimen von Hoffnung. Jeder Fortschritt, jede kleine Berührung des Vertrauens bestätigte, dass Liebe und Geduld selbst die tiefsten Wunden heilen konnten.

Mit jedem Arbeitstag kehrten Karin und Angie oft müde, aber stets erfüllt heim. In den stillen Abendstunden, wenn sie zusammen im Bett lagen und Angie sich an sie kuschelte, durchströmte Karin das Wissen, dass sie gemeinsam eine neue Welt der Heilung und Hoffnung erschaffen hatten – eine Welt, die nicht nur den Tieren, sondern auch ihnen selbst Frieden schenkte. Die Wochen vergingen. Mit jedem Tag wuchs Karins Vertrauen in ihre Arbeit und in ihre eigenen Fähigkeiten. Es war eine Reise, die noch lange nicht zu Ende war – eine

Reise voller Wunder, die den Tieren und auch ihnen selbst neues Leben einhauchte.

An einem sonnigen Tag erreichten Karin und Angie schließlich einen idyllischen Hof. Die weiten Felder erstreckten sich, und ein sanfter Wind wehte durch das hohe Gras, das sich wie eine grüne Decke über die Landschaft legte. In der Ferne hörten sie das Wiehern der Pferde. Ein beruhigender Klang, der sich harmonisch in die friedliche Atmosphäre einfügte. Luna stand ruhig im Anhänger. Ihre Ohren zuckten leicht, als sie die neuen Geräusche wahrnahm. Doch während Karin den Blick auf Luna richtete, begann sich etwas in ihr zu verändern. Es war, als ob die sanfte, offene Umgebung all die Schwere der Vergangenheit von ihr abstreifte und sie neue Hoffnung verspürte. Mit einer warmen, aber bestimmten Stimme sagte Karin: „Es ist so weit, Mädchen. Dein neues Zuhause erwartet dich – hier beginnt dein Neuanfang." In diesem Moment schien Luna innezuhalten: Ihre Nüstern weiteten sich, und ihre Augen begannen zu funkeln, als spürte sie, dass sie endlich an einen Ort kommen würde, an dem sie sich erholen und neu leben könnte. Jede Faser ihres Körpers schien darauf ausgerichtet zu sein, diesen Wandel zu akzeptieren – ein leiser, aber kraftvoller Ausdruck des Aufbruchs. Langsam führte Karin Luna hinaus, Angie blieb treu an Karins Seite. Ihre Präsenz strahlte Sicherheit und Zuversicht aus. Während Luna langsam aus dem Anhänger geführt wurde, war es, als spürte sie mit jedem Schritt, dass ihr altes schmerzvolles Kapitel zu Ende ging. Als sie den weiten, offenen

Hof betrat, schien Luna die frische, belebende Luft tief in sich aufzunehmen. Ihre Schritte, zunächst zögerlich, wurden bald fester und freier, und ihre Augen verrieten ein neues Leuchten – ein zarter Hinweis darauf, dass sie bereit war, in diesem neuen Zuhause ihre Wunden heilen zu lassen.

Die Besitzerin des Hofes, eine freundliche Frau namens Clara, kam ihnen entgegen und begrüßte Luna mit leuchtenden Augen: „Willkommen, Luna. Hier wirst du Frieden finden." Diese Worte, verbunden mit der sanften Umgebung und dem strahlenden Tageslicht, verstärkten den Eindruck, dass Luna nun wirklich an einem Ort angekommen war, der ihr die Chance auf einen Neuanfang bot. Karin übergab Clara die Leine, während sie einen Hauch von Abschied verspürte, wissend, dass dies das Beste für Luna war. Sie kniete sich neben Angie, streichelte ihr sanft über den Kopf und flüsterte: „Es ist das Beste für sie, Angie. Sie wird hier glücklich sein."

Clara führte Luna über die Felder, zeigte ihr den Stall und die Weiden, während Karin und Angie still zusahen. Luna wirkte ruhiger, fast als ob sie spürte, dass sie endlich angekommen war – und als Clara sie auf die große Weide ließ, stand Luna einen Moment still, hob den Kopf und galoppierte dann frei über das Gras, als Symbol eines neuen Lebens.

Tränen der Freude füllten Karins Augen. Es war ein Abschied, aber kein trauriger – ein Abschied, der voller Hoffnung war. Angie legte ihren Kopf auf Karins Knie, als wolle sie sagen, dass alles gut werden würde. „Wir haben das Richtige getan, Angie", flüsterte Karin, „Luna hat jetzt ein Zuhause, in dem sie heilen und glücklich sein kann."

Clara kam zurück und umarmte Karin herzlich. „Vielen Dank, dass ihr sie zu uns gebracht habt. Sie wird hier gut aufgehoben sein, ich verspreche es."

Karin nickte dankbar im Wissen, dass Lunas Reise hier nicht endete, sondern einen neuen Anfang gefunden hatte.

Auf dem Rückweg wehte der Wind sanft durch die Bäume, als ob er Lunas Geschichte weitersagen wollte – eine Geschichte von Heilung, Hoffnung und der Magie zweiter Chancen. Zu Hause angekommen, kuschelte sich Angie wie gewohnt an Karins Seite ins Bett. Beide fühlten eine tiefe Zufriedenheit, wissend, dass sie geholfen hatten, ein Leben zu verändern. Während sie in den Schlaf glitten, war Karin sich sicher, dass ihre gemeinsame Reise noch viele Kapitel voller Wunder und Liebe bereithielt.

Die Prüfung

Die Tage nach Lunas Ankunft in ihrem neuen Zuhause verliefen ruhig – fast zu ruhig. Karin genoss die Stille, doch in der Luft lag eine unterschwellige Spannung, als ob etwas auf sie wartete. Auch Angie schien dies zu spüren: Ihre bernsteinfarbenen Augen waren wachsam und aufmerksam, als könnten sie mehr erfassen als das Offensichtliche.

An einem Abend, als die Dämmerung die Welt in ein warmes, goldenes Licht tauchte, erhielt Karin einen Anruf. Es war Clara. Ihre Stimme klang besorgt: „Karin, es ist Luna. Sie hat sich verletzt. Ich weiß nicht, wie es passiert ist, aber sie humpelt und scheint Schmerzen zu haben. Der Tierarzt ist auf dem Weg, aber ich dachte, du solltest es wissen." Karins Herz setzte einen Schlag aus. „Ich komme sofort", sagte sie und legte auf. Angie war bereits an ihrer Seite, als hätte sie instinktiv gespürt, dass etwas nicht stimmte.

Die Fahrt zum Hof verging rasch, während Karins Gedanken unruhig um das Wohl von Luna kreisten. Was, wenn Lunas Zustand ernster war, als sie gehofft hatten? Hatten sie zu früh darauf vertraut, dass das Tier hier endlich Frieden finden würde? Angie saß ruhig neben ihr, ihre Präsenz beruhigend, als wolle sie sagen, dass sie diese Prüfung gemeinsam bestehen würden.

Am Hof angekommen, führte Clara Karin und Angie direkt zur Weide. Dort stand Luna mit gesenktem Kopf, während sie ihr rechtes Vorderbein entlastete. Der Tierarzt, der bereits mit ernster Miene die Verletzung untersuchte, erklärte schließlich: „Es scheint nur eine Zerrung zu sein. Sie braucht Ruhe und Pflege, aber sie wird sich erholen." Erleichtert atmete Karin auf, konnte jedoch die Sorge nicht ganz abschütteln. Sie kniete sich neben Luna, strich ihr sanft über den Hals und flüsterte: „Du wirst wieder gesund, Luna. Wir sind bei dir."

In den darauffolgenden Tagen wechselten sich Karin und Clara ab, um Luna die notwendige Pflege zukommen zu lassen, damit sie genug Ruhe bekam, aber auch nicht zu lange allein war. Angie wachte in dieser Zeit wie ein stiller Wächter über Luna.

Eines Nachts, als Karin im Stall saß und die Stille des Augenblicks spürte, hörte sie plötzlich eine leise, sanfte Stimme:

„Ich danke dir." Verwirrt blickte sie sich um, doch außer Angie war niemand zu sehen. Als ihr klar wurde, dass die Stimme aus Luna zu kommen schien – nicht als hörbares Wort, sondern als ein Gedanke, der direkt in ihr

Herz sprach – flüsterte Karin erstaunt: „Du kannst mit mir sprechen?"

Angie hob den Kopf, als wollte sie zustimmend nicken. Luna blickte sie mit ruhigen, wissenden Augen an und flüsterte: „Nicht viele hören es, aber du hast ein offenes Herz." Eine Welle der Emotionen überkam Karin. Diese Prüfung war mehr als nur eine Herausforderung für Lunas Gesundheit: Sie war ein Test ihrer eigenen Fähigkeit, zuzuhören, zu verstehen und zu vertrauen.

In den folgenden Wochen verbesserte sich Lunas Zustand allmählich. Die Bandage am Bein wurde bald überflüssig und sie konnte wieder frei über die Weiden laufen. Doch die wahre Bedeutung der Prüfung lag in der unsichtbaren Verbindung, die sich zwischen Karin, Luna und Angie entwickelt hatte. Als eines Morgens die Sonne über dem Hof aufging, wusste Karin, dass sie diese Prüfung erfolgreich bestanden hatten. Nicht nur, weil Luna wieder gesund war, sondern weil sie gelernt hatten, einander zuzuhören und füreinander da zu sein, auf eine Weise, die über Worte hinausging. „Wir sind eine Familie", flüsterte Karin, während sie Angie und Luna betrachtete, „und zusammen können wir jede Prüfung bestehen."

Nach und nach kehrte der Alltag auf dem Hof zurück, doch alles fühlte sich verändert an. Die Natur schien mit ihnen zu kommunizieren – jedes Blatt, jeder Windhauch und jedes Tier standen in geheimer Harmonie mit ihrer gemeinsamen Geschichte. Karin begann, mehr Zeit in der Natur zu verbringen, und ihre Fähigkeit, mit Angie und Luna auf einer tieferen Ebene zu kommunizieren, schien sich auch auf andere Tiere auszudehnen. Eines Morgens, während eines Spaziergangs durch den Wald, spürte Karin ein sanftes Ziehen in ihrem Inneren – eine Einladung, tiefer in das Herz des Waldes vorzudringen. Angie lief ruhig neben ihr. Plötzlich blieb die Hündin stehen, die Ohren gespitzt. Karin folgte ihrem Blick und entdeckte ein Reh, das zwischen den Bäumen stand und sie aufmerksam beobachtete. Es war, als würde es sie zu einem besonderen Ort rufen.

Ohne Eile folgte Karin dem Reh, bis sie zu einer kleinen Lichtung mit einer alten, moosbewachsenen Eiche gelangte. Der majestätische Baum schien von uralten Geschichten zu zeugen. Das Reh trat näher, als wolle es ihr sagen: „Hier beginnt etwas Neues."

Karin setzte sich im Schatten der Eiche auf den Boden, schloss die Augen und ließ die Kraft dieses Ortes auf sich wirken. In diesem Moment vernahm sie wieder die sanfte Stimme – diesmal nicht von Luna, sondern aus der Natur selbst. Es war ein leises Wispern, das von Wachstum, Heilung und der Rückkehr der Harmonie erzählte.

Mit der Zeit vertiefte sich Karins Verbindung zur Natur. Tiere, die einst scheu waren, kamen vertrauensvoll näher, Vögel ließen sich sanft auf ihren Schultern nieder, und selbst der Wind schien ihre Berührungen zu erwidern.

Als sie am Abend zum Hof zurückkehrte, empfing Clara sie mit einer begeisterten Idee: „Warum nutzen wir nicht deine Erfahrung, um Workshops zu organisieren?

Du könntest den Menschen helfen, ihre Verbindung zur Natur und zu den Tieren wiederzufinden."

Karin zögerte nicht lange – die Vorstellung fühlte sich richtig an. Mit Luna und Angie an ihrer Seite begannen sie, den Hof in einen Ort der Heilung zu verwandeln – für Tiere ebenso wie für Menschen.

Eines Abends, als Karin mit Angie im Bett lag, spürte sie eine tiefe Gewissheit in sich. Sie lebte an einem besonderen Ort – einem Ort, an dem die Grenzen zwischen Mensch und Natur verschwammen und das Herz den Weg wies. Ihre Reise hatte sie gelehrt, das wahre Heilung im Vertrauen und in der Liebe lag und jede Prüfung, so schmerzhaft sie auch sein mochte, eine Chance für Veränderung und einen Neubeginn bot.

Der Weg des Heilens

Die Jahre vergingen, und Angie, Karins treue Begleiterin, war sichtbar gealtert. Ihr einst geschmeidiger Gang hatte sich verlangsamt. An manchen Tagen fiel es ihr schwer, aufzustehen oder ihre geliebten Spaziergänge in der Natur zu genießen. Die Diagnose des Tierarztes – Arthrose und Spondylose – traf Karin tief. Es war schwer anzusehen, wie Angie, die immer voller Energie und Lebensfreude gewesen war, nun mit den Beschwerden des Alters kämpfte.

Doch Karin wollte sich dieser Diagnose nicht einfach ergeben. Sie war fest entschlossen, Angies Leben so angenehm und erfüllt wie möglich zu gestalten. Auf der Suche nach sanften Methoden zur Linderung von Angies Beschwerden stieß sie eines Tages auf einen Artikel über

Reiki – eine japanische Heilmethode, bei der durch das Auflegen der Hände Energie übertragen wird, um Heilung und Wohlbefinden zu fördern.

Die Beschreibung fühlte sich für Karin wie eine Offenbarung an. Als hätte sie endlich einen Weg gefunden, Angie auf liebevolle und sanfte Weise zu unterstützen. Gleichzeitig spürte sie, dass sie selbst innerlich zur Ruhe kommen und diese Herausforderung mit einer neuen Perspektive annehmen musste.

Noch am selben Abend saß sie mit Angie auf dem Sofa, streichelte sanft über ihr Fell und flüsterte: „Angie, was meinst du? Soll ich das ausprobieren? Ich habe das Gefühl, dass es uns beiden helfen könnte."

Angie hob ihren Kopf und sah Karin mit ihren tiefen, bernsteinfarbenen Augen an, voller Weisheit und Vertrauen. Es war, als würde sie ihr still zustimmen.

Ohne lange zu überlegen, meldete sich Karin für einen Reiki-Kurs an. Bereits in der ersten Unterrichtsstunde spürte sie, wie kraftvoll und gleichzeitig harmonisch diese Methode war. Sie lernte, sich mit der universellen Lebensenergie zu verbinden, ihre Hände als Kanal für Heilung zu nutzen und durch gezielte Berührungen Blockaden zu lösen. Während der Ausbildung erlebte sie immer wieder Momente, in denen sie fühlte, wie sehr diese Praxis auch ihr eigenes Inneres beruhigte und stärkte.

Besonders die Zeremonie zur Einweihung in den ersten Reiki-Grad hinterließ eine tiefe Wirkung. Eine sanfte Wärme breitete sich in Karin aus, als diese Energie in ihr aktiviert wurde. Als würde sie einen längst vergessenen Teil von sich selbst wiederentdecken. Doch erst mit dem zweiten Reiki-Grad, den sie einige Wochen später erhielt, eröffnete sich ihr eine völlig neue Dimension der Heilkunst. Sie lernte, die Energie gezielt zu lenken, aus der Ferne zu arbeiten und tiefere Heilprozesse zu unterstützen. Die Aktivierung dieses Grades war ein bewegender Moment für Karin – sie spürte, wie ihre Verbindung zur Energie noch stärker wurde, und sie wusste, dass sie diese Kraft für Angie nutzen wollte.

Nach ihrer Einweihung richtete sie eine ruhige Ecke im Wohnzimmer ein, legte Angies Lieblingskissen dort hin und schuf mit leiser Musik und gedämpftem Licht eine entspannte Atmosphäre. Als Angie sich niederließ, legte Karin behutsam ihre Hände auf ihren Rücken.

Die erste Reiki-Sitzung war ein zutiefst emotionaler Moment. Eine sanfte Wärme floss durch Karins Hände, während Angie tief und ruhig atmete. Nach einer Weile seufzte sie leise – ein Zeichen völliger Entspannung, als würde sie die heilende Energie dankbar annehmen.

Von diesem Tag an wurde Reiki ein fester Bestandteil ihres Alltags. Karin bemerkte, dass Angie nach den Sitzungen entspannter war, an manchen Tagen leichter aufstand und sich wieder mit mehr Freude bewegte. Doch es war nicht nur Angie, die von dieser Praxis profitierte – auch Karin selbst fühlte sich ausgeglichener und bewusster. Sie begann, den Wert dieser kostbaren Momente noch intensiver zu schätzen.

Eines Abends, nach einer weiteren Reiki-Sitzung, saßen sie gemeinsam auf der Veranda. Karin legte sanft ihre Hände auf Angies Rücken und flüsterte: „Danke, dass du mich auf diesen Weg geführt hast, Angie. Du hast mir gezeigt, wie wichtig es ist, innezuhalten und einfach zu sein."

Angie hob den Kopf, ihre bernsteinfarbenen Augen leuchteten im sanften Licht der untergehenden Sonne. Dann legte sie ihre Schnauze sanft auf Karins Knie – eine Geste voller Liebe und tiefer Verbundenheit.

Die Tage vergingen, und auch wenn Angie älter wurde, war ihr Leben erfüllt von Wärme, Fürsorge und den heilsamen Energien, die Karin ihr schenkte. Gemeinsam meisterten sie die Herausforderungen des Lebens – getragen von der Gewissheit, dass sie einander hatten: eine Partnerschaft, die über Worte hinausging und in der die reine Essenz des Herzens spürbar war.

Die neue Aufgabe

Die Tage vergingen, und mit jeder Reiki-Sitzung wuchs Karins Vertrauen in ihre Fähigkeiten. Angie schien die Behandlungen sichtlich zu genießen – nach jeder Sitzung wirkte sie entspannter und voller Ruhe. Karins Hände wurden immer geschickter. Sie spürte deutlich, wie die Energie durch sie floss, als wäre sie eine Brücke zwischen Himmel und Erde. Doch tief in ihrem Herzen wusste Karin, dass sie diese Gabe nicht nur für Angie einsetzen wollte.

Am selben Tag, nachdem Karin ihre Anmeldung bei der Tierrettungsorganisation abgeschlossen hatte, nahm sie Kontakt mit der Einrichtung auf, um einen ersten Beratungstermin zu vereinbaren. In einem freundlichen Telefonat erklärte ein zuständiger Mitarbeiter, dass ihre Unterstützung darin bestünde, traumatisierten Tieren mit ihrer Reiki-Praxis und ihrer einfühlsamen Art zu mehr Vertrauen zu verhelfen. Es wurde vereinbart, dass

Karin das Tierheim persönlich besuchen und sich einen Überblick über die Bedürfnisse der Tiere verschaffen würde. Diese klare Planung gab ihr das Gefühl, dass ihre Gabe in einem strukturierten Rahmen wirkungsvoll eingesetzt werden konnte.

Am nächsten Tag fuhr Karin mit Angie im Auto zum Tierheim. Schon beim Betreten des Geländes offenbarte sich in ihr ein unerwartetes Zusammenspiel von Hoffnung und Traurigkeit. . Die Hunde bellten aufgeregt, Katzen streckten sich auf den Fensterbänken, und ein älterer Mitarbeiter begrüßte sie freundlich: „Sie möchten helfen?" – woraufhin Karin entschlossen nickte.

Karin begann, ihre Reiki-Sitzungen mit den Tieren des Heims anzubieten. Zunächst war sie unsicher, wie die Tiere reagieren würden, doch sie spürte bald, dass sie ihre Absicht verstanden hatten. Ein kleiner, scheuer Terrier, der sich bisher immer in die hinterste Ecke seines Zwingers verkrochen hatte, kam nach einer Sitzung langsam auf sie zu und stupste sie vorsichtig mit der Schnauze an. Eine alte Katze, die sich vor Schmerzen kaum bewegen konnte, schnurrte leise, als Karin ihre Hände sanft auflegte. Angie war bei jeder Sitzung dabei – ihre bloße Anwesenheit beruhigte die Tiere. Oft schritt sie majestätisch durch die Reihen der Zwinger, als wollte sie den anderen zeigen, dass sie hier in Sicherheit waren.

Die Mitarbeiter des Tierheims waren beeindruckt: „Es ist, als ob die Tiere wissen, dass Sie ihnen nur Gutes wollen", bemerkte eine junge Frau, die gerade einen Korb mit frischen Decken vorbeibrachte.

Mit der Zeit wurde das Tierheim zu einem festen Bestandteil von Karins und Angies Leben. Karin fühlte sich erfüllt. In den Augen der Tiere erkannte sie, wie sich langsam ein Funken neuen Vertrauens regte. Doch Reiki blieb nicht nur den Tieren vorbehalten. Eine besonders berührende Erfahrung machte sie mit ihrer alten Freundin Ute, einer Dame Mitte achtzig, die anfangs skeptisch gegenüber Reiki war. Ute konnte sich nicht vorstellen, wie etwas wirken sollte, was der Verstand nicht fassen konnte. Sanft erklärte Karin, dass Reiki wie eine energetische Massage sei – nur ohne Druck. Schließlich stimmte Ute zu, es auszuprobieren, da sie nach einer Knieoperation noch unter Schmerzen litt.

Nachdem Karin Ute behandelt hatte, strahlte diese vor Freude: „Es war, als hätte ich geschwebt. Ich fühlte mich leicht und frei, und der Schmerz in meinem Knie ist kaum noch spürbar."

Diese Erfahrung bestärkte Karin in ihrer Überzeugung, dass ihre Gabe auch Menschen unterstützen konnte.

Einige Tage später kam ein älterer Schäferhund ins Tierheim, der durch einen Schicksalsschlag sein Zuhause verloren hatte. Sein Blick war leer, seine Bewegungen langsam und schwerfällig. Karin setzte sich zu ihm, legte ihre Hände behutsam auf seinen Rücken und schloss die Augen. Sie spürte seine Erschöpfung, seine Trauer, aber auch die tiefe Sehnsucht nach Liebe und Trost. Angie legte sich leise neben ihn, ihre Wärme wirkte wie eine tröstende Decke. Nach einigen Sitzungen begann der

Schäferhund, wieder aufzublühen. Seine Augen leuchteten und er hob stolz seinen Kopf, als wollte er der Welt zeigen, dass er noch nicht aufgegeben hatte. Karin wusste, dass sie das Richtige tat – durch Reiki und die liebevolle Unterstützung von Angie konnten sie diesen Tieren helfen, wieder Vertrauen ins Leben zu fassen.

An einem besonders klaren Abend saßen Karin und Angie wie gewohnt auf der Terrasse, während der Himmel in sanften Farben erstrahlte und die ersten Sterne funkelten. Karin spürte eine tiefe Zufriedenheit in ihrem Herzen, die sie lange nicht mehr erlebt hatte. Sie ließ ihren Blick über den Garten schweifen, in dem sie so viele schöne Momente mit Angie geteilt hatte, und sagte leise: „Weißt du, Angie, ich hätte nie gedacht, dass Reiki mich so sehr verändern würde. Es fühlt sich an, als wäre ich genau dort, wo ich immer sein sollte."

Angie hob den Kopf und legte ihn auf Karins Knie, ihre bernsteinfarbenen Augen schienen zu sagen: „Das wusste ich schon immer." Karin lächelte, ihre Augen glitzerten vor Rührung.

Während dieser intensiven Zeit wuchs auch in Karin der Wunsch, ihre Erfahrungen mit anderen zu teilen. Bei einem Gespräch auf dem Hof schlug Clara, die Besitzerin des Hofes, vor: „Karin, deine Workshops haben so vielen Menschen geholfen, ihre Verbindung zur Natur wiederzufinden. Vielleicht ist es an der Zeit, diese Workshops auf unserem Hof wieder aufzunehmen."

Diese Aufforderung berührte Karin tief, denn sie erkannte, dass ihre Gabe nicht nur in der direkten Arbeit mit Tieren wirken konnte, sondern auch anderen Menschen einen neuen Zugang zur Natur eröffnete.

An einem sonnigen Tag begann Karin, ihre Workshops neu zu organisieren. Sie ordnete ihre Notizen. Dann entwickelte ein Konzept, das auf ihren eigenen Erfahrungen und den positiven Rückmeldungen der bisherigen Teilnehmer basierte, und legte den Ablauf im Detail fest. Angie, die stets an ihrer Seite war, schien die neue Energie zu spüren und unterstützte sie mit ihrer ruhigen Präsenz. Mit der Zeit verwandelte sich der Hof in einen Ort der Unterstützung und Hoffnung – für Tiere und Menschen gleichermaßen. Die Workshops füllten sich mit neugierigen, offenen Menschen, die lernen wollten, wie Vertrauen und Liebe die Grundlage eines erfüllten Lebens bilden könnten. Karin leitete die Veranstaltungen mit Leidenschaft und empfing jeden Teilnehmer mit Wärme und Verständnis. Angie als lebendiges Beispiel für die Kraft der Tierkommunikation und als Symbol der Hoffnung.

Die Wochen vergingen, und nach jedem Arbeitstag kehrten Karin und Angie, oft müde, aber stets erfüllt, heim. In den stillen Abendstunden, wenn sie gemeinsam im Bett lagen und Angie sich an sie kuschelte, spürte Karin, dass sie zusammen eine neue Welt der Unterstützung und Hoffnung erschaffen hatten – eine Welt, die nicht nur den Tieren, sondern auch ihnen selbst Frieden schenkte. Ihre Reise hatte sie gelehrt, dass wahre Unterstützung im Vertrauen und in der Liebe lag und dass jede Herausforderung, so schmerzhaft sie auch sein mochte, eine Chance für Veränderung und einen Neubeginn bot.

Am Ende dieses Abschnitts, als ein kleiner Stern am Himmel erschien, flüsterte Karin: „Wir machen einen Unterschied, Angie. Du bist mein Stern – mit dir schaffe ich alles."

Angie drückte ihre Schnauze sanft gegen Karins Hand, als wolle sie sagen: „Ich bin immer an deiner Seite."

Dieser Augenblick voller Stille und Frieden war für Karin eine Erinnerung, die sie für immer in ihrem Herzen tragen würde. Der Weg der Unterstützung, den sie gemeinsam mit Angie gegangen war, war nicht nur eine Reise, die sie für andere angetreten hatten. Sondern auch eine, die ihr eigenes Leben unendlich bereicherte.

Angies innere Weisheit

Die Jahre hatten Angie zu einem Hund geformt, dessen Anblick Ruhe und Anmut ausstrahlte. Ihr graubraun meliertes Fell schimmerte wie weiches Licht im Sonnenuntergang, und ihre bernsteinfarbenen Augen wirkten wie tiefe, stille Seen, in denen sich die Welt spiegelte. Doch es war nicht allein ihr äußeres Erscheinungsbild, das die Hündin so besonders machte – es war die Seele, die innere Weisheit, die jeder spürte, der Zeit mit ihr verbrachte.

Eines späten Nachmittags, als die goldene Sonne lange Schatten durch den Garten warf, saß Karin auf der alten Holzbank vor dem Haus. Angie lag zu ihren Füßen, ihren Kopf sanft auf Karins Knie gebettet. Karin liebte diese stillen Momente, in denen keine Worte nötig waren. An diesem Tag jedoch lag eine besondere Energie in der Luft – fast greifbar und geheimnisvoll.

Während sie Angies Kopf streichelte, spürte Karin, wie die warme Verbindung zwischen ihnen pulsierte. „Du warst immer mein Anker, Angie", flüsterte sie leise.

Angie hob langsam den Kopf und sah Karin mit einem Blick voller Tiefe und Bedeutung an, als wolle sie sagen: „Du bist ebenso mein Anker."

In den vergangenen Wochen hatte Karin oft über diese besondere Verbindung nachgedacht – es war mehr als eine bloße Mensch-Tier-Beziehung. Angie schien Karins Gedanken zu lesen, ihre Emotionen zu spüren, noch bevor sie selbst diese vollends in Worte fassen konnte.

An diesem Tag sollte Karin eine Seite von Angie entdecken, die sie tief berühren würde. Während sie gemeinsam im Garten saßen, begann Angie plötzlich ungewöhnlich aufmerksam zu werden. Sie richtete sich auf, ihre Ohren gespitzt, und blickte konzentriert in eine Richtung – zum alten Kirschbaum am Ende des Gartens.

Neugierig folgte Karin Angies Blick. „Was siehst du da, Mädchen?", fragte sie sanft. Angie antwortete nicht wie gewohnt. Ein eigenartiger Frieden legte sich über die Szene. Karin spürte ein Kribbeln auf ihrer Haut, als läge eine leise Vibration in der Luft. Langsam stand Angie auf, ging zum Baum hinüber und setzte sich dort nieder. Karin spürte den Drang, ihr zu folgen – als wolle Angie sie an etwas erinnern, das tief in ihrem Herzen schlummerte.

Neben dem Baum, als sie direkt nebeneinanderstanden, legte Angie behutsam eine ihrer Pfoten auf Karins Fuß.

In diesem zarten Moment durchströmte Karin ein angenehmes Gefühl der Ruhe und Gewissheit. Sie erinnerte sich an unzählige Male, in denen Angies bloße Anwesenheit sie durch schwere Zeiten getragen hatte. Angie war nicht nur ein Hund, sondern eine treue Gefährtin, ein stiller Lehrer und eine Quelle unerschöpflicher Inspiration.

„Ich verstehe, Angie", flüsterte Karin, „es geht darum, die kleinen Dinge wahrzunehmen – die Momente der Stille, die verborgene Weisheit in jedem Augenblick." Angie bestätigte diese Worte, indem sie Karin kurz mit ihrer Schnauze anstupste. Karin musste lächeln.

Später, als sie zusammen auf der Couch saßen, und der Mond sanft durch das Wohnzimmerfenster schien, holte Karin ihr Notizbuch hervor. Sie begann, all die Lektionen aufzuschreiben, die Angie ihr im Laufe der Jahre beigebracht hatte. Oben auf der ersten Seite schrieb sie stolz „Angies innere Weisheit". „Erstens: Lehre mich Geduld, Angie – und dass man manchmal einfach nur da sein muss, ohne etwas zu sagen", murmelte sie leise, während Angie zufrieden neben ihr schlief.

In den folgenden Tagen spürte Karin immer wieder Angies subtile Führung. Es waren keine großen Gesten, sondern nur kleine Momente, die jedoch eine tiefe Bedeutung hatten. Als Karin eines Nachmittags durch die Stadt spazierte, begegnete sie einer jungen Frau mit einem verängstigten Hund. Ohne zu zögern, bot sie ihre Hilfe an – als hätte Angie sie dazu ermutigt, ihr Wissen weiterzugeben. Diese Erfahrungen lehrten Karin, im Moment zu leben. Das bedeutete, die Welt mit offenem

Herzen zu betrachten und dem Fluss des Lebens zu vertrauen. Angie war mehr als nur ein Hund – sie war ein Leuchtfeuer der Weisheit, das Karin den Weg wies und ihr half, immer wieder zu sich selbst zurückzufinden.

Einige Tage später zeigte Angie erneut ihre beeindruckende Intuition. Karin hatte sich zu einem Spaziergang aufgemacht, um den Kopf freizubekommen, und ließ Angie den Weg bestimmen. Zielstrebig führte sie Angie abseits der gewohnten Route entlang eines bisher unentdeckten Pfades. Schließlich erreichten sie eine Lichtung, auf der ein alter, verlassener Pavillon stand. Karin blieb überrascht stehen – dieser Ort strahlte eine seltsame Vertrautheit aus. Langsam trat sie näher, und plötzlich kehrte eine längst vergessene Erinnerung zurück: Als Kind hatte sie oft mit ihrem Vater unter diesem Pavillon gesessen, den Vögeln gelauscht und von einer unbeschwerten Zukunft geträumt. Die Erinnerung berührte sie tief, und Tränen der Rührung liefen über ihre Wangen. Angie setzte sich ruhig neben sie, legte eine Pfote auf Karins Bein und blickte sie mit stillem Verständnis an. „Danke, dass du mich hierhergeführt hast, Angie", flüsterte Karin. Es war, als wüsste Angie, dass genau dieser Ort nötig war, um einen Teil von Karins verloren geglaubter Selbstwahrnehmung zu wecken.

Zu Hause nahm Karin erneut ihr Notizbuch zur Hand und fügte eine neue Lektion hinzu: „Zweitens: Vertraue deiner Intuition, auch wenn der Weg unbekannt erscheint. Manchmal führt dich das Leben genau dorthin, wo du sein musst." Die Erinnerung an diesen Tag blieb ihr lange erhalten. Karin begann bewusster zu leben, öfter innezuhalten und auf die subtilen Zeichen des Lebens zu achten. Angie hatte ihr gezeigt, dass wahre Weisheit oft in den stillen, unerwarteten Momenten zu finden ist.

Begegnung mit Gleichgesinnten

Es war ein warmer Herbsttag, an dem die goldenen Blätter im Wind tanzten und die Sonne sanft durch die Baumkronen schien. Karin hatte sich entschieden, mit Angie einen Ausflug zu machen. Eine Freundin hatte ihr von einem Seminar im nahe gelegenen Waldzentrum erzählt – einem Treffen von Menschen, die sich mit der Natur, Energiearbeit und vor allem mit Tieren verbunden fühlten. Zunächst war Karin unsicher gewesen, ob sie teilnehmen sollte, doch Angies sanftes Anstupsen, als ob sie genau wüsste, worüber Karin nachdachte, gab ihr den letzten Schub.

Am Nachmittag erreichten sie das Zentrum. Der Ort war idyllisch – umgeben von hohen Bäumen und einem Teich in der Mitte, der dem Gelände eine besondere Ruhe verlieh. Überall versammelten sich Menschen mit ihren Hunden in kleinen Gruppen, unterhielten sich oder genossen einfach die friedliche Atmosphäre. Die Stimmung war entspannt, fast vertraut – als gehöre jeder auf eine besondere Weise zusammen.

Angie trottete ruhig an Karins Seite, ihre Augen scannten neugierig die Umgebung. Immer wieder wurden sie von freundlichen Teilnehmern begrüßt, und Angie schien die Aufmerksamkeit sichtlich zu genießen.

Eine Frau mit einem Border Collie namens Lissy trat an Karin heran und fragte mit einem sanften Lächeln: „Ist das deine Angie? Man kann förmlich spüren, wie tief eure Verbindung ist."

Karin nickte und erwiderte lächelnd: „Ja, sie ist meine Seelengefährtin. Sie hat mir so vieles gelehrt, was Worte oft nicht ausdrücken können."

Die Frau nickte verständnisvoll. „Ich kenne dieses Gefühl. Lissy ist für mich genauso."

Während sich Karin und ihre neue Bekannte, Maria, ins Gespräch vertieften – Themen wie Tierkommunikation, Reiki und der Einfluss von Tieren auf unser Leben füllten ihre Unterhaltung – legten sich Angie und Lissy entspannt nebeneinander ins Gras, als hätten auch sie eine stille Verbindung zueinander gespürt. Es schien, als hätten sich die beiden Frauen schon ewig gekannt.

Später begann eine gemeinsame Übung, bei der alle Teilnehmer mit ihren Tieren in einen großen Kreis traten. Die Seminarleiterin, eine ältere Frau namens Helene mit beruhigender Ausstrahlung, forderte sie auf, die Augen zu schließen und einfach nur zu spüren: „Lasst die Energie fließen. Tiere spüren unsere Absichten und Emotionen. Schickt ihnen Liebe, und sie werden euch antworten."

Karin legte ihre Hand sanft auf Angies Rücken und spürte sofort ein warmes Kribbeln in ihren Handflächen, als ob Angie nicht nur ihre Berührung empfing, sondern ihr auch etwas zurückgab – ein Gefühl tiefer Geborgenheit und Dankbarkeit. Kurz öffnete sie die Augen und bemerkte, dass auch die anderen Teilnehmer ähnliche Momente erlebten. Ein stiller Austausch zwischen Mensch und Tier, erfüllt von Harmonie und gegenseitigem Vertrauen.

Nach der Übung saß die Gruppe noch lange zusammen, teilte Geschichten und Erfahrungen. Karin spürte, dass sie hier genau richtig war – als hätte das Leben sie zu diesen Menschen geführt, die, wie sie selbst die besondere Magie der Verbindung zwischen Mensch und Tier verstanden.

Am Ende des Tages verabschiedeten sich Karin und Angie von Maria und den anderen. „Es war so schön, dich kennenzulernen", sagte Maria, als sie Karin umarmte. „Ich hoffe, wir sehen uns bald wieder."

Karin lächelte: „Das hoffe ich auch. Danke, dass du mir das Gefühl gegeben hast, endlich Gleichgesinnte gefunden zu haben."

Auf dem Heimweg lag Angie entspannt auf dem Rücksitz des Autos. Ihre bernsteinfarbenen Augen ruhten auf Karin, als wollte sie sagen: „Ich wusste, dass dieser Weg gut für dich ist." Karin lächelte und flüsterte: „Danke,

Angie. Ohne dich hätte ich mich vielleicht nie auf diesen Weg begeben."

Es war der Beginn von etwas Neuem – einer Reise, die nicht nur Karins Verbindung zu Angie vertiefte, sondern auch ihr Herz für eine Gemeinschaft öffnete, die ihre Welt um ein Vielfaches bereicherte. Nachdem sich Maria und Karin nach diesem ersten Treffen im Waldzentrum näher kennengelernt hatten, blieben sie in Kontakt und trafen sich regelmäßig, oft mit Angie und Lissy an ihrer Seite. Es dauerte nicht lange, bis sich zwischen den Gleichgesinnten echte Freundschaften entwickelten.

An einem sonnigen Samstag lud Maria Karin und Angie zu einem Besuch auf ihren kleinen Hof am Stadtrand ein. Dort lebte sie mit ihrer Familie und mehreren geretteten Tieren – von Hühnern über Katzen bis hin zu zwei Ponys, die friedlich auf der Weide grasten. Angie und Lissy begrüßten sich mit einem freundlichen Schwanzwedeln, als hätten sie sich schon immer gekannt.

Während die beiden Frauen bei einer Tasse Tee auf der Veranda saßen, erzählte Maria von ihren Plänen, den Hof für Menschen zu öffnen, die Heilung und Trost in der Natur und bei Tieren suchten. „Ich möchte etwas schaffen, das den Menschen zeigt, wie viel wir von Tieren lernen können", erklärte sie. „Vielleicht Workshops oder kleine Retreats, in denen wir Tierkommunikation, Reiki und andere Naturheilverfahren anbieten."

Karin fühlte sich von der Idee sofort inspiriert. „Das klingt wundervoll, Maria. Weißt du, Angie hat mir schon so oft gezeigt, wie wir Tiere unterstützen können.

Vielleicht können wir zusammenarbeiten? Ich könnte Reiki-Sitzungen für Menschen und ihre Tiere anbieten." Marias Gesicht hellte sich auf. „Das wäre perfekt! Gemeinsam könnten wir etwas aufbauen, um das Leben vieler Menschen und Tiere zu bereichern."

Die beiden Frauen verbrachten den Nachmittag damit, Ideen auszutauschen, während Angie und Lissy im Garten spielten. Es war ein vertrautes, fast magisches Zusammensein, das beiden Frauen das Gefühl gab, etwas Bedeutungsvolles zu erschaffen.

Doch als Karin am Abend mit einer Tasse Tee am Fenster saß, ließ sie ein Gedanke nicht los. Dieses Band zwischen Angie und Lissy – sie hatte es nicht nur gesehen, sondern gespürt. Eine Verbindung, die über den Moment hinausging. Woher kannten sie sich? Hatten sich ihre Seelen schon einmal getroffen – in einem anderen Leben, auf eine Weise, die dem menschlichen Verstand verborgen blieb? Ihr Blick wanderte zu Angie, die zusammengerollt an ihrem Platz lag. Sanft strich Karin über ihr Fell. „Ihr zwei habt euch schon lange gekannt, nicht wahr?", flüsterte sie. Angie öffnete kurz die Augen, sah sie an – tief, wissend –, dann legte sie den Kopf wieder ab und atmete ruhig weiter. Karin lächelte. Manche Fragen brauchten keine Antworten. Manche konnte man einfach fühlen.

In den Wochen danach arbeiteten Maria und Karin mit Hingabe an der Verwirklichung ihrer Vision. Sie planten ihr erstes kleines Seminar auf Marias Hof – einen Tag voller Inspiration, Lernen und Heilung, an dem

Menschen die Verbindung zu ihren Tieren und zur Natur vertiefen konnten.

Am Tag des Seminars lag eine warme, einladende Atmosphäre über dem Hof. Die Teilnehmer trafen mit ihren Tieren ein, während sich die spätsommerliche Sonne in den weitläufigen Wiesen spiegelte. Karin begann mit einer Einführung in Reiki, sprach über die heilende Energie und darüber, wie Tiere diese intuitiv wahrnehmen. Maria ergänzte ihre Worte mit Einblicken in die Tierkommunikation und betonte, wie wichtig es sei, nicht nur mit den Ohren, sondern mit dem Herzen zu hören.

Angie und Lissy bewegten sich gelassen zwischen den Teilnehmern, als wären sie die inoffiziellen Gastgeberinnen dieses Tages. Ihre ruhige, freundliche Art verbreitete eine spürbare Harmonie und half, die anfängliche Zurückhaltung mancher Teilnehmer zu lösen.

Ein besonders berührender Moment ereignete sich, als eine Teilnehmerin mit ihrem ängstlichen Hund eine spürbare Veränderung erlebte. Der Hund, der anfangs zitternd in einer Ecke verharrt hatte, wich keinen Schritt von seiner Besitzerin. Karin setzte sich behutsam zu ihnen und bot eine kurze Reiki-Sitzung an, während Maria die Frau anleitete, sich innerlich auf ihren Hund einzulassen, seine Bedürfnisse zu erspüren. Nach wenigen Minuten begann der Hund, sich langsam zu entspannen. Erst legte er sich hin, dann hob er den Kopf und blickte seine Besitzerin zum ersten Mal mit ruhigen, vertrauensvollen Augen an. Ein stiller, magischer Moment, der alle Anwesenden tief berührte.

Dieser erfolgreiche Auftakt war der Beginn von etwas Größerem. Der Hof wurde zu einem regelmäßigen Treffpunkt für Karin, Maria und viele andere Gleichgesinnte. Immer mehr Menschen erfuhren hier nicht nur Wissen und Unterstützung, sondern auch eine Gemeinschaft, in der sie verstanden wurden. Angie und Lissy wuchsen dabei zu wahren Symbolen der Weisheit und Liebe – ein sanftes, aber stetiges Erinnern daran, wie viel Kraft in der Verbindung zwischen Mensch und Tier liegt.

Später, als die Nacht über den Hof hereingebrochen war und nur noch das knisternde Feuer auf der Veranda Licht spendete, saßen Maria und Karin nebeneinander und blickten in den funkelnden Sternenhimmel.

„Ich hätte nie gedacht, dass Angie und ich eines Tages Teil von etwas so Schönem sein würden", sagte Karin leise. „Es fühlt sich an, als hätten wir endlich unsere Bestimmung gefunden."

Maria nickte mit einem sanften Lächeln. „Es ist erstaunlich, wie Tiere uns den Weg zeigen – wenn wir bereit sind, ihnen wirklich zuzuhören."

In diesem Moment kam Angie herüber, legte ihren Kopf auf Karins Schoß und sah sie mit ihren bernsteinfarbenen Augen an – voller Vertrauen, voller Liebe. Karin streichelte sanft über ihr Fell, während in ihr die Gewissheit wuchs, dass dieses Band, das sie miteinander teilten, jede Veränderung und jede Prüfung des Lebens überdauern würde.

Angies Vermächtnis

Es war ein kühler Herbstmorgen, als die ersten Sonnenstrahlen den Garten in warmes, goldenes Licht tauchten. Ein leichter Nebel hing noch zwischen den Bäumen, während sich die Blätter in schimmernden Rot- und Orangetönen an den Ästen wiegten. Karin saß mit einer dampfenden Tasse Tee auf der Terrasse, eingekuschelt in eine weiche Decke, während Angie ruhig neben ihr lag. Ihre bernsteinfarbenen Augen waren halb geschlossen, doch Karin wusste, dass ihre treue Begleiterin dennoch alles um sich herum wachsam wahrnahm.

Die letzten Monate hatten viele Veränderungen mit sich gebracht. Immer wieder hatte Karin darüber nachgedacht, all die besonderen Momente und Lektionen, die Angie ihr geschenkt hatte, festzuhalten – nicht nur für sich selbst, sondern auch für andere. Vielleicht könnte sie damit etwas von Angies Weisheit weitergeben, die ihr eigenes Leben so tiefgreifend bereichert hatte.

„Was denkst du, Angie?", fragte sie leise und kraulte Angie sanft hinter den Ohren. „Ein Buch über uns? Über das, was ich durch dich lernen durfte?"

Angie hob den Kopf und sah sie einen langen Moment tief in die Augen. Dann legte sie ihre Pfote sanft auf Karins Bein – eine Geste voller Vertrauen, die wie eine Antwort wirkte. Karin musste lächeln. „Natürlich bist du einverstanden", murmelte sie. „Schließlich bist du diejenige, die mir all das gelehrt hat."

Noch am selben Tag begann Karin, ihre Gedanken zu sortieren. Sie holte alte Notizbücher hervor, die mit Erinnerungen, Beobachtungen und Einsichten gefüllt waren. Jeder Satz, den sie niederschrieb, war wie eine Liebeserklärung an ihre treue Gefährtin. Die Worte flossen aus ihrem Herzen, während Angie in ihrer Nähe lag und hin und wieder aufblickte, als wollte sie sicherstellen, dass alles in Ordnung war.

Das Buch nahm nach und nach Gestalt an. Karin schrieb über ihre ersten Schritte in der Tierkommunikation, über die besonderen Begegnungen mit Menschen und Tieren, die sie durch Angie kennengelernt hatte, und über die vielen magischen Momente, in denen Angie ihr eine Weisheit offenbarte, die sie oft sprachlos machte.

Sie erinnerte sich an Tage, an denen Angie sie mit einer einfachen Berührung tröstete, an Nächte, in denen sie nebeneinander schliefen und Karin sich nie einsam gefühlt hatte. All diese Erlebnisse fügte sie zu einem großen Ganzen zusammen – einem Vermächtnis, das weit über ihre eigene Geschichte hinausreichte.

Eines Abends, als sie wieder in ihre Notizen vertieft war, legte Angie ihre Schnauze auf den Rand des Schreibtischs und sah sie mit liebevollem, fragendem Blick an. Karin schmunzelte. „Keine Sorge, meine Süße", sagte sie sanft. „Ich schreibe nichts, was du nicht selbst erzählen würdest." Mit jeder Seite wurde das Manuskript mehr als nur eine Sammlung von Erinnerungen – es wurde ein Leitfaden für andere. Ein Buch über die tiefe Verbindung zwischen Mensch und Tier, über Heilung und die Weisheit, die Tiere uns lehren.

Karin fügte auch Geschichten anderer Menschen hinzu, die durch Angie inspiriert worden waren – darunter Maria mit Lissy und Ute, die nach ihrer Knieoperation durch ihre Tiere neue Kraft gefunden hatte. Als der erste Entwurf fertig war, erfüllte Karin eine tiefe Zufriedenheit. Sie wusste, dass dieses Buch etwas Besonderes war – nicht nur für sie selbst, sondern für all jene, die die Magie der Tierwelt entdecken wollten. Es war Angies Vermächtnis – ein Geschenk an die Welt, das zeigte, wie transformierend die Beziehung zu einem Tier sein konnte.

Der Tag der Buchveröffentlichung war schließlich gekommen. Karin hielt das erste Exemplar in den Händen – der Einband schimmerte in einem warmen Braunton, der an Angies Fell erinnerte. In schlichten goldenen Buchstaben stand darauf:

Angies Weisheit –
Heilung und Verbindung durch die Kraft der Tiere.

„Das ist für dich", flüsterte sie, während Angie sie mit sanften Augen ansah. „Ohne dich gäbe es dieses Buch nicht. Es ist unser gemeinsames Werk."

Angie hob den Kopf, als würde sie die Bedeutung dieser Worte erfassen und legte ihre Schnauze einen langen Moment in Karins Hand. In diesem Augenblick spürte Karin eine tiefe Welle der Dankbarkeit und Liebe. Sie wusste, dass sie etwas geschaffen hatte, das weit über sie selbst hinausging.

Die Wochen nach der Veröffentlichung waren erfüllt von bewegenden Momenten. Karin erhielt zahlreiche Nachrichten von Menschen, die durch ihr Buch inspiriert worden waren. Einige teilten ihre eigenen Erfahrungen mit Tieren, andere berichteten, dass sie durch Angies Geschichte eine tiefere Verbindung zu ihren tierischen Begleitern gefunden hatten.

Eine E-Mail berührte sie besonders. Eine Frau namens Sophie schrieb:

„Seit dem Verlust meines Hundes habe ich keinen wirklichen Zugang mehr zur Tierwelt gefunden. Doch als ich dein Buch las, fühlte ich plötzlich eine neue Hoffnung. Es ist, als hätte Angie mich daran erinnert, dass Tiere uns nie verlassen – sie bleiben für immer in unseren Herzen. Zum ersten Mal denke ich darüber nach einem neuen Tier ein Zuhause zu geben. Danke, dass du Angies Geschichte mit uns geteilt hast."

Karin las Angie die Nachricht vor. Ihre treue Gefährtin seufzte tief – ein Laut, der fast nach Zufriedenheit klang. „Siehst du, meine Liebe? Deine Weisheit berührt so viele Herzen", flüsterte Karin, während sie Angie sanft über den Kopf strich.

Die Reise geht weiter

Einige Wochen später erhielt Karin eine Einladung zu einer Lesung. Ein kleiner Verlag, der sich auf Bücher über Mensch-Tier-Beziehungen spezialisiert, hatte von *Angies Weisheit* gehört und wollte sie als Gast begrüßen. Die Veranstaltung fand in einem gemütlichen Buchladen statt, in dem eine warme, fast magische Atmosphäre herrschte.

Angie durfte natürlich mitkommen – und wurde schnell zum heimlichen Star des Abends. Während Karin aus ihrem Buch las, lag sie ruhig zu ihren Füßen, als würde sie jedes Wort verstehen. Nach der Lesung kamen viele Menschen auf Karin zu, um ihre Geschichten zu teilen. Eine ältere Dame mit Tränen in den Augen erzählte, wie ihr Hund sie durch eine schwere Zeit getragen hatte. Ein junger Mann mit seinem Assistenzhund erklärte, dass er nun noch bewusster wahrnahm, wie tief die Verbindung zu seinem tierischen Begleiter wirklich war.

Jeder dieser Momente bestärkte Karin in ihrer Überzeugung: *Angies Weisheit* war ein Buch, das die Welt brauchte.

Dann kam eine unerwartete Wendung.

Eines Tages erhielt Karin eine Einladung zu einer renommierten Tierheilkunde Konferenz. Sie sollte als Sprecherin über ihre Erfahrungen mit Reiki und Tierkommunikation berichten. Zunächst zögerte sie – der Gedanke, vor einem großen Publikum zu sprechen, machte sie nervös. Doch als sie Angie ansah, begegnete sie ihrem vertrauten, ermutigenden Blick. Es war, als würde sie sagen: *„Du kannst das. Wir schaffen das zusammen."*

Und so reiste Karin mit Angie zur Konferenz. Ihre Präsentation wurde ein voller Erfolg. Sie sprach über ihre Reise, über die Lektionen, die sie durch Angie gelernt hatte, und darüber, wie Tiere zu Lehrern und Heilern werden können – wenn wir bereit waren, ihnen zuzuhören.

Nach dem Vortrag trat ein älterer Tierarzt an sie heran. „Ihre Geschichte hat mich tief berührt", sagte er. „Wir müssen die Beziehung zwischen Mensch und Tier neu betrachten. Sie und Angie leisten hier etwas Außergewöhnliches."

An diesem Abend, zurück in ihrem Hotelzimmer, saß Karin auf dem Bett, das Buch in der Hand, während Angie sich neben sie kuschelte.

„Weißt du, Angie", sagte sie nachdenklich, „wir haben nicht nur etwas für uns geschaffen. Wir haben eine Brücke gebaut – für all die Menschen und Tiere da draußen."

Angie hob den Kopf, legte ihre Pfote sanft auf Karins Bein und sah sie mit diesem wissenden, liebevollen Blick an. In diesem Moment wusste Karin, dass Angies Vermächtnis nicht nur auf den Seiten eines Buches lebte – sondern in jeder Begegnung, jeder Heilung und jeder Veränderung, die sie gemeinsam bewirkt hatten.

Und die Geschichte, die sie schrieben, war noch lange nicht zu Ende.

Ein neuer Begleiter

Die Tage auf dem Hof und in Karins ruhigem Zuhause waren erfüllt von Liebe, Weisheit und der sanften Präsenz von Angie. Doch Karin wusste, dass die Zeit nicht stillstand. Angie wurde älter, und obwohl sie immer noch eine strahlende Lebenskraft besaß, verlangten ihre Gelenke nach Ruhe, und ihre Bewegungen wurden langsamer.

Eines frühen Herbsttages, als die Blätter in warmen Farben leuchteten und der Wind sanft durch die Bäume strich, saßen Karin und Angie auf der Veranda. Angie hatte ihren Kopf auf Karins Schoß gelegt, während Karin in den bernsteinfarbenen Augen ihrer treuen Gefährtin einen Blick fand, der mehr sagte als Worte. „Was hältst du davon, wenn wir einem anderen Tier helfen, Angie?", flüsterte Karin leise, während sie Angie zärtlich hinter den Ohren kraulte. Angie schloss die Augen, als würde sie über die Worte nachdenken – und schließlich hob sie den Kopf, blickte Karin tief an, als wollte sie sagen: „Es ist Zeit."

Später an jenem Abend setzte sich Karin in aller Ruhe an ihren Tisch und griff zum Telefon. Mit einem warmen Gefühl in der Brust wählte sie die Nummer von Maria. Als Maria den Anruf entgegennahm, erzählte Karin leise von dem besonderen Moment auf der Veranda, von dem Blick, den Angie ihr zugeworfen hatte – einem Blick, der zu sagen schien: „Es ist Zeit, einem anderen Tier zu helfen."

Maria hörte aufmerksam zu, und ihre Stimme am anderen Ende der Leitung klang voller Begeisterung. „Das klingt wundervoll, Karin", sagte Maria, „da komme ich mit." So verabredeten sie sich für den nächsten Tag.

Mit dieser festen Vereinbarung im Herzen erwachte der Morgen mit frischer Vorfreude, und Karin machte sich zusammen mit Maria auf den Weg zu einem nahe gelegenen Tierheim. Dort erzählte eine Mitarbeiterin von einem jungen Schäferhund-Mischling namens Sam, der in seinem kurzen Leben bereits viel durchgemacht hatte – ein Streuner, der verletzt gefunden und in letzter Minute gerettet worden war. Als Karin vor Sams Zwinger trat, fielen ihr seine Augen auf – nicht bernsteinfarben wie die von Angie, sondern von einem tiefen Braun, das zugleich Sanftmut und Vorsicht ausstrahlte. Sam blieb still, beobachtete Karin, als wolle er sie prüfen.

Die Mitarbeiterin erklärte: „Sam ist besonders sanftmütig, aber er hat noch nicht viel Vertrauen gefasst. Er braucht jemanden, der ihm zeigt, dass die Welt nicht nur Gefahren birgt." Langsam näherte sich Karin, ging in die Hocke und sprach leise: „Hallo, Sam. Ich bin Karin, und ich glaube, wir könnten gute Freunde werden."

Zunächst blieb Sam zurückhaltend, doch als Angie, die Karin ins Tierheim begleitet hatte, vorsichtig zu ihm trat, geschah etwas Magisches: Angie wedelte sanft mit dem Schwanz und stupste Sam mit ihrer Schnauze an. Sam zögerte kurz, dann erwiderte auch er das freundliche Wedeln – ein leiser Ausdruck von neu erwachtem Vertrauen in seinen Augen.

Schon am nächsten Tag zog Sam bei Karin und Angie ein. Anfangs war er schüchtern und erkundete das Haus mit vorsichtigen Schritten, doch Angie führte ihn geduldig an alles heran. Sie zeigte ihm, wo das Wasser stand, welche Plätze sich zum Ausruhen eigneten und wie schön es war, durch den Garten zu laufen. Karin gab Sam die Zeit, die er brauchte. Sie setzte ihre Reiki-Fähigkeiten ein, um ihm zu helfen, alte Ängste loszulassen, und las ihm manchmal sogar aus dem Buch vor, das sie über ihre Reise mit Angie geschrieben hatte. Es war, als spürte Sam allmählich, dass er endlich ein Zuhause gefunden hatte.

Nach einigen Wochen begann Sam, sein wahres Wesen zu zeigen – verspielt, neugierig und zutiefst loyal. Er folgte Angie auf Schritt und Tritt, als wäre er ein Schüler seiner erfahrenen Lehrerin. Angie genoss diese Rolle sichtlich; sie führte ihn mit ihrer stillen Weisheit, zeigte ihm, wie man das Leben mit Würde und Freude meistert, und schenkte ihm damit den Raum, sich zu entfalten.

Eines Abends, als Karin mit einer Tasse Tee auf der Veranda saß, beobachtete sie, wie Sam und Angie gemeinsam im Garten lagen – zwei Seelen, die sich gefunden hatten: der ältere Mentor und der junge Schüler.

Tief bewegt flüsterte Karin: „Danke, Angie. Danke, dass du mir gezeigt hast, dass es immer Platz für mehr Liebe gibt." Angie hob den Kopf, blickte Karin kurz an und legte ihn dann zufrieden auf Sams Rücken. In diesem Augenblick wusste Karin, dass sie die richtige Entscheidung getroffen hatte. Sam war nicht nur ein neuer Begleiter, sondern ein Teil von etwas Größerem – ein lebendiges Symbol der Verbindung aus Liebe, Vertrauen und der Weisheit, die Angie ihr so reichlich geschenkt hatte. Das Leben war wieder ein Stück reicher geworden, und Karin freute sich auf all die Abenteuer, die noch vor ihnen lagen, gemeinsam mit Angie und ihrem neuen Begleiter Sam.

Die Wochen vergingen, und Sam blühte regelrecht auf. Sein Fell glänzte, seine Augen strahlten, und er hatte die Unsicherheiten seiner Vergangenheit hinter sich gelassen. Doch mit seinem Einzug hatte sich nicht nur Sams Leben verändert – auch Karins Alltag nahm neue, erfüllende Formen an. Angie schien die Gesellschaft des jungen Hundes in vollen Zügen zu genießen. Trotz ihres fortgeschrittenen Alters fand sie in Sams Nähe neue Energie. Gemeinsam durchstreiften sie den Garten, ruhten sich in der warmen Sonne aus oder begleiteten Karin auf Spaziergängen in den nahe gelegenen Wäldern. Eines Tages jedoch geschah etwas, das Karin tief berührte. Während eines dieser Spaziergänge blieb Angie plötzlich stehen. Ihre bernsteinfarbenen Augen richteten sich auf Sam, der einige Meter entfernt fröhlich durch das Laub tobte. Angie setzte sich hin und sah Karin an, als wolle sie etwas mitteilen. Karin spürte, dass dieser Moment von großer Bedeutung war. Sie hockte sich vor Angie nieder, legte sanft ihre Hände auf deren Schultern und fragte leise: „Was ist es, meine Liebe?"

Angie blickte erneut zu Sam und dann zurück zu Karin – als wolle sie sagen: *„Er ist jetzt bereit, Verantwortung zu übernehmen. Ich kann ruhiger werden."* In diesem Augenblick erkannte Karin, dass Angie nicht nur Sam zu einem selbstbewussten Hund gemacht hatte, sondern auch einen Teil ihrer Führungsrolle an ihn übergab. Mit einem warmen Lächeln streichelte sie Angies Kopf. „Du bist wirklich außergewöhnlich, Angie", flüsterte sie.

Mit der Zeit wuchs Sam in seine neue Rolle hinein. Er war nicht länger der zurückhaltende Hund, der in einer Ecke Schutz suchte, sondern zeigte sich als Beschützer, als liebevoller Begleiter, der stets ein Auge auf Angie hatte. Eines Tages begegneten sie bei einem Spaziergang einer älteren Frau mit einem kleinen, verängstigten Hund. Der kleine Terrier zitterte, zog an der Leine und versuchte, sich zu verstecken. Die Frau, die sich als Frau Meißner vorstellte, erklärte Karin, dass der Hund erst kürzlich aus schwierigen Verhältnissen gerettet worden sei. Sam, der die Unsicherheit des kleinen Hundes sofort spürte, legte sich ruhig ins Gras und beobachtete ihn aus sicherer Entfernung. Ohne ein einziges Knurren oder Bellen signalisierte er, dass keine Gefahr bestand. Nach einiger Zeit wagte der Terrier einen kleinen Schritt in Sams Richtung, als wollte er sich an seinen Schutz gewöhnen.

Karin beobachtete die Szene voller Staunen. „Er hat so viel von Angie gelernt", dachte sie. Sam war nicht nur ein Begleiter, sondern hatte sich zu einem Heiler entwickelt – so wie Angie es immer gewesen war und noch ist.

Durch Sams positive Ausstrahlung und Angies unerschütterliche Weisheit zog Karins kleines Zuhause immer mehr Menschen und Tiere an. Freunde brachten ihre Hunde vorbei, um mit Angie und Sam Zeit zu verbringen. Manchmal saßen Nachbarn bei einer Tasse Tee auf der Veranda, um Karins Geschichten über Reiki, Tierkommunikation und ihre gemeinsamen Reisen mit Angie zu lauschen.

Eines Tages kam Maria mit einer aufregenden Neuigkeit zu Besuch. „Karin, ich habe etwas für uns organisiert", sagte sie mit einem verschmitzten Lächeln. „Du weißt, wie erfolgreich und inspirierend deine bisherigen Seminare waren – wie du Menschen damit geholfen hast, die tiefe Verbindung zu ihren Tieren zu entdecken. Deshalb schlage ich vor, dass wir ein gemeinsames Seminar veranstalten. Du und ich, zusammen. Wir wollen über Tierkommunikation, Reiki und die heilende Verbindung zwischen Mensch und Tier sprechen."

Karin strahlte vor Freude. „Das klingt wundervoll, Maria! Und wo soll das stattfinden?", fragte sie, während in ihr die Erinnerung an all die bewegenden Momente vergangener Workshops auflebte.

„Ganz einfach – hier bei dir", erwiderte Maria. „Dein Zuhause strahlt so viel Frieden und Liebe aus; es ist der perfekte Ort, um Menschen und Tiere zusammenzubringen und ihnen zu zeigen, wie sie in Harmonie leben können."

Karin war tief gerührt. Sie wusste, dass Angie und Sam schon immer das Herz ihres Zuhauses waren, und jetzt fühlte sie sich bereit, die Türen noch einmal weit zu öffnen, um ihre Erfahrungen und ihre Gabe mit anderen zu teilen.

Am Tag des Seminars waren Karin, Angie und Sam der Mittelpunkt einer kleinen, aber besonderen Gruppe von Menschen und Tieren. Angie ruhte in der warmen Sonne und beobachtete alles mit weisen Augen, während Sam zwischen den Teilnehmern umherging, sie anstupste und ein Lächeln hervorrief.

Ein Teilnehmer meinte später: „Es war, als hätte ich an diesem Tag etwas entdeckt, das ich längst verloren glaubte – eine Verbindung zu etwas Größerem."

Karin lächelte, denn sie wusste, dass Angie und Sam diese Verbindung ermöglicht hatten. Gemeinsam hatten sie gezeigt, wie viel Unterstützung in Liebe, Vertrauen und Mitgefühl steckt.

Als der Tag sich seinem Ende neigte, versammelten sich Karin, Angie, Sam und Maria auf der Veranda. Die Sonne senkte sich langsam dem Horizont entgegen und hüllte die Landschaft in warmes, goldenes Licht. Mit fortschreitender Dämmerung begannen allmählich die ersten Sterne am Himmel zu funkeln. Angie schmiegte sich eng an Karin, während Sam sich behutsam zu ihren Füßen legte.

„Es ist erstaunlich, wie sich das Leben entwickelt", sagte Maria leise und blickte ehrfürchtig in den Abendhimmel.

Die beiden Frauen saßen lange auf der Veranda, während Angie und Sam noch im Garten spielten. Maria nahm einen Schluck Tee und sah Karin nachdenklich an. „Weißt du, Karin", begann sie zögernd, „wir haben so viele wundervolle Erfahrungen gesammelt – mit unseren Hunden, mit den Menschen, denen wir helfen konnten. Manchmal frage ich mich, ob wir nicht noch mehr tun könnten. Vielleicht etwas Größeres?"

Karin legte den Kopf schief. „Was meinst du damit?"

Maria lächelte verschmitzt. „Ich denke an ein gemeinsames Projekt – einen Ort, an dem Menschen und Tiere zusammenkommen können. Vielleicht ein kleines Zentrum, in dem wir Workshops anbieten, in denen wir über Reiki und Tierkommunikation aufklären und Hunden wie Sam und Angie helfen."

Karin sah gedankenverloren in den Garten, wo Sam sich gerade vorsichtig neben Angie niederlegte. „Ein Zentrum … das klingt wunderschön. Aber meinst du, wir könnten das schaffen? Es wäre eine große Verantwortung."

„Das stimmt", stimmte Maria zu. „Aber denk an all die Menschen, die bereits von deiner Arbeit inspiriert wurden – und an all die Tiere, die durch dich und Angie neue Hoffnung gefunden haben. Wir könnten diesen Kreis erweitern und anderen zeigen, wie man mit Liebe und Geduld Unterstützung findet."

Karin nickte langsam, während ihre Gedanken kreisten. Die Idee fühlte sich groß und fast überwältigend an, doch in ihrem Herzen spürte sie, dass Maria recht hatte.

Mit Angie und Sam an ihrer Seite hatte sie bereits so viel erreicht. Vielleicht war dies der nächste Schritt – ein Ort, der nicht nur ihr Zuhause, sondern auch ein Zufluchtsort für andere werden könnte. „Lass uns darüber nachdenken", sagte Karin schließlich. „Vielleicht ist es an der Zeit, unsere Vision weiterzuführen – für uns, für die Tiere und für alle, die zu uns finden möchten."

Maria lächelte. „Zusammen schaffen wir das. Und wer weiß, welch wundervollen Begegnungen uns noch bevorstehen."

Angie hob den Kopf und sah die beiden Frauen an, als hätte sie ihre Worte verstanden, während Sam sie sanft anstupste. Es war, als segneten sie das Vorhaben bereits – ein Zeichen, dass der Weg, den Karin und Maria vor sich hatten, der richtige war.

Ein Traum nimmt Gestalt an

Am nächsten Morgen saßen Karin und Maria wieder zusammen in der warmen Morgensonne, die sanft über den Hof fiel. Angie und Sam lagen entspannt zu ihren Füßen, während der Duft von frisch gebrühtem Kaffee die Luft erfüllte. Karin war nachdenklich, während sie Angie über den Rücken strich: „Weißt du, Maria, in letzter Zeit habe ich oft darüber nachgedacht, wie ich noch mehr mit Hunden arbeiten könnte. Mit Angie wird es zwar langsam ruhiger, aber ich spüre, dass ich noch viel mehr geben möchte."

Maria lächelte warm. „Du hast so ein besonderes Gespür für Tiere, Karin. Vielleicht ist es an der Zeit, einen Ort zu schaffen, an dem nicht nur du, sondern auch andere Menschen und ihre Hunde Unterstützung finden können."

Neugierig fragte Karin: „Was meinst du damit?"

Maria stützte ihr Kinn nachdenklich auf die Hand: „Was wäre, wenn du eine Hundepension eröffnest? Einen Ort, an dem Hunde nicht nur betreut werden, sondern auch ein Zuhause auf Zeit finden – ein Ort, an dem sie wirklich geliebt werden. Dabei könntest du deine Reiki-Arbeit und Tierkommunikation einfließen lassen, um sowohl den Hunden als auch ihren Menschen zu helfen."

Karin lehnte sich zurück und ließ die Worte auf sich wirken. „Eine Hundepension … das klingt wunderschön, aber auch herausfordernd. Es wäre eine große Verantwortung."

„Das stimmt", erwiderte Maria. „Aber du bist dafür wie geschaffen. Denk doch mal darüber nach: Angie und Sam wären fantastische Begleiter für die Hunde, die zu dir kommen. Dein Wissen und deine Erfahrung könnten den Unterschied ausmachen, den so viele suchen."

Ein Lächeln breitete sich auf Karins Gesicht aus. „Du hast recht, Maria. Ich spüre, dass das genau der nächste Schritt sein könnte. Es ist nicht nur ein Traum, sondern auch die Möglichkeit, noch mehr Leben zu berühren – so wie Angie meins berührt hat."

Angie hob ihren Kopf und sah Karin mit ihren bernsteinfarbenen Augen an, als wolle sie zustimmend nicken. In diesem Augenblick war Karin überzeugt, dass dieser Gedanke kein Zufall, sondern ein sanfter Ruf ihres Herzens war, dem sie folgen wollte. „Lass uns darüber nachdenken", sagte Karin schließlich, „gemeinsam können wir etwas Wundervolles auf die Beine stellen."

Maria legte ermutigend ihre Hand auf Karins Arm. „Ich bin dabei. Wir machen das zusammen."

Der Weg zu diesem Traum war noch weit, doch mit jedem Gedanken und jeder Idee nahm er Gestalt an – ein Ort, der Liebe, Unterstützung und Geborgenheit für Mensch und Tier vereinen sollte. In den folgenden Wochen setzten Maria und Karin ihren gemeinsamen Traum in die Tat um. Die Idee einer Hundepension wuchs von einem zarten Gedanken zu einem klaren Plan. Karin brachte ihre umfangreichen Erfahrungen mit Hunden ein, während Maria mit ihrem Organisationstalent half, die Vision zu konkretisieren.

Eines Nachmittags saßen Karin und Maria in Karins Garten, umgeben von der ruhigen Gesellschaft von Angie und Sam. Vor ihnen lag ein großer Skizzenblock, auf dem Maria die ersten Entwürfe zeichnete – geschwungene Linien, die einen großzügigen, eingezäunten Auslauf mit schattigen Plätzen darstellten. „Ich stelle mir einen Bereich vor, in dem die Hunde sich frei bewegen können", erklärte Maria, während Karin begeistert nickte.

„Und in einer Ecke könnten wir einen kleinen Meditationsbereich einrichten, in dem ich Reiki-Sitzungen anbiete – ein Ort der Ruhe, an dem sie sich entspannen und Unterstützung finden können", fügte Karin hinzu. „Das passt wunderbar. Wir könnten sogar Übernachtungsmöglichkeiten anbieten und Workshops veranstalten, um Menschen zu zeigen, wie sie ihre Verbindung zu ihren Tieren stärken können", erwiderte Maria.

Angesichts der einhelligen Zustimmung von Angie und Sam, die ihnen stille, liebevolle Blicke schenkten, nahm die Vision rasch konkrete Formen an. Anstatt ein fremdes Anwesen zu suchen, beschloss Karin, ihren eigenen Hof in einen Ort der Zuflucht und Unterstützung zu verwandeln. Mit Marias Hilfe begann sie, die bestehenden Räumlichkeiten umzugestalten: Das gemütliche Haus bot ausreichend Platz für Büroräume, einen Aufenthaltsbereich für die Hunde und sogar ein separates Zimmer, das Karins Reiki-Arbeitsbereich werden sollte. Der weitläufige Garten, der schon immer eine Oase der Ruhe gewesen war, eignete sich ideal für die geplanten Ausläufe und als Meditationszone – ein Ort, an dem Mensch und Tier in Harmonie verweilen konnten.

„Das ist es", sagte Karin, als sie auf der Veranda stand und die friedliche Umgebung in sich aufnahm. „Hier können wir etwas wirklich Besonderes schaffen."

Maria legte einen Arm um Karins Schulter und fügte hinzu: „Das ist der Anfang von etwas Wunderbarem, und ich bin so froh, dass wir das gemeinsam angehen."

Nach Monaten intensiver Planung, Renovierung und harter Arbeit öffnete die Hundepension endlich ihre Tore. Der Ort – liebevoll *Angies Zuflucht* genannt – war eine Hommage an die treue Schäferhündin, die Karins Leben auf so viele Weisen bereichert hatte.

Die ersten Gäste kamen an einem sonnigen Samstag: Eine Labrador-Dame namens Bella, ein energiegeladener Border Collie namens Max und ein ruhiger alter Beagle namens Hugo gehörten zu den ersten Bewohnern.

Während Maria die Hunde freundlich empfing, führte Karin kurze Gespräche mit ihren Besitzern, um ihre individuellen Bedürfnisse besser kennenzulernen. Angie und Sam nahmen ihre Rolle als Gastgeber aufmerksam und fürsorglich an. Sie begegneten jedem Hund mit ruhiger Freundlichkeit und sorgten so dafür, dass sich alle sofort geborgen fühlten. Besonders der nervöse Beagle Hugo fand Trost in Angies Nähe, indem er sich unter dem Schatten eines Baumes entspannte.

Am Abend saßen Karin und Maria gemeinsam auf der Veranda und blickten auf das friedliche Gelände, auf dem die Hunde in ihren komfortablen Betten schlummerten. „Ich kann es immer noch nicht fassen", flüsterte Karin, „dass wir einen Ort geschaffen haben, an dem sich Mensch und Tier so sicher und geborgen fühlen können."

Maria lächelte: „Das ist erst der Anfang. Angies Zuflucht wird noch viele Leben berühren, da bin ich mir sicher." Karin legte ihre Hand sanft auf Angies Kopf und sagte: „Alles, was wir hier tun, verdanken wir dir, Angie. Du bist der Grund, warum ich meinen Weg gefunden habe."

Angie wedelte langsam mit dem Schwanz, als verstünde sie jedes Wort. Die Nacht war still, erfüllt von einem Frieden, der aus Liebe, Hingabe und dem Wunsch entstand, die Welt ein kleines Stück besser zu machen.

Die ersten Heraus-forderungen

In den folgenden Wochen nahm der Alltag in *Angies Zuflucht* richtig Fahrt auf. Die Pension füllte sich allmählich mit Hunden verschiedener Rassen, Größen und Charakteren. Da war Max, ein unermüdlicher Terrier, der über die Wiesen jagte, und Bella, eine ältere Golden Retriever-Dame, die vor allem Ruhe und Nähe suchte. Karin und Maria liebten die Arbeit mit den Hunden, doch sie merkten schnell, dass nicht jeder Tag einfach war.

Eines Morgens wurde ein neuer Gast gebracht – ein Schäferhund-Mix namens Rocky. Er war nervös, misstrauisch und bellte ununterbrochen. Seine Besitzerin erklärte, dass Rocky aus schwierigen Verhältnissen stammte und sich kaum auf fremde Menschen einlassen konnte. Karin spürte sofort, dass dieser Hund mehr als nur Pflege brauchte – er benötigte Geduld, Verständnis und einen Ort, an dem er sich sicher fühlen konnte.

Angie, die ein feines Gespür für solche Seelen hatte, näherte sich Rocky vorsichtig. Sie hielt Abstand, zeigte aber durch ihre ruhige Präsenz, dass keine Gefahr drohte. Rocky blieb misstrauisch, doch Karins und Angies Geduld zahlte sich aus. Nach einigen Tagen begann er, vorsichtig Vertrauen zu fassen. Die ersten Berührungen erfolgten zögerlich, doch schließlich legte er sich entspannt neben Karin, als sie ihm sanft Reiki gab.

Eine Woche später stand ein junger Mann vor der Tür, an seiner Seite ein großer schwarzer Labrador mit wachsamen Augen. „Das ist Tyson", stellte der Mann ihn vor. „Eigentlich ist er ein großartiger Hund, aber er hat Angst vor anderen Hunden. Ich muss auf Geschäftsreise und hoffe, dass Sie ihm helfen können."

Karin bemerkte sofort Tysons Anspannung. Seine Ohren lagen angelegt, und sein Blick wanderte nervös zwischen Angie und Sam hin und her, der zur Begrüßung herantrottete. „Wir werden unser Bestes tun, um ihm Sicherheit zu vermitteln", versprach sie, auch wenn sie spürte, dass Tyson eine besondere Herausforderung sein würde.

Die Eingewöhnung verlief schwierig. Tyson zog sich zurück. Er knurrte, sobald ein anderer Hund sich näherte, und rührte in den ersten beiden Tagen kaum sein Futter an. Karin und Maria überlegten lange, wie sie ihm helfen könnten. Schließlich schlug Maria vor, ihn in Angies Nähe zu lassen – sie hatte mit ihrer ruhigen Art schon so manchem Hund Sicherheit gegeben.

Und tatsächlich war es Angie, die den Durchbruch schaffte. Während eines morgendlichen Spaziergangs ließ sie sich auf einer kleinen Lichtung nieder und blickte Tyson ruhig an. Sie bewegte sich nicht, wartete einfach. Karin beobachtete die Szene aus einiger Entfernung. Nach einer Weile schien Tyson ihre Gelassenheit zu spüren. Zögernd kam er näher, legte sich schließlich neben sie – seine angespannte Haltung löste sich zum ersten Mal ein wenig.

„Sieh nur", flüsterte Karin zu Maria, die im Hintergrund stand. „Er fühlt sich bei ihr sicher." Es war ein kleiner, aber bedeutender Schritt, der den Weg für weitere Fortschritte ebnete.

In den darauffolgenden Tagen führte Karin Tyson behutsam an die anderen Hunde heran. Sie überforderte ihn nicht, gab ihm aber kleine Herausforderungen, um sein Selbstvertrauen zu stärken. Stück für Stück wagte er sich weiter vor. Bald erkundete er die Wiesen, und eines Tages nahm er Sam sogar ein Spielzeug ab – sein erster vorsichtiger Versuch, Kontakt aufzunehmen.

Karin spürte, dass Tyson nicht nur Vertrauen gewann, sondern auf einer tieferen Ebene heilte. Während eines stillen Abends, als die Sonne golden über den Hof schien, setzte sie sich mit ihm in den Garten. Sanft legte sie ihre Hände auf seinen Rücken und ließ Reiki durch ihn fließen. Sie fühlte, wie Tysons Anspannung nach und nach wich.

„Es ist unglaublich, wie sehr er sich schon geöffnet hat", sagte Maria und setzte sich mit einer Tasse Tee neben sie. „Du und Angie – ihr seid ein unschlagbares Team."

Karin lächelte. „Es fühlt sich an, als würden wir genau das tun, was wir sollen."

Am nächsten Morgen gab es eine unerwartete Überraschung. Während die Hunde auf der Wiese spielten, beobachtete Karin, wie Tyson vorsichtig auf die Gruppe zuging. Er hielt kurz inne, als würde er überlegen, dann setzte er sich plötzlich in Bewegung – und rannte los, um mit Sam Ball zu spielen.

„Schau dir das an!", rief Maria begeistert. „Er hat es geschafft!"

Karin nickte, Tränen der Freude in den Augen. Tyson wirkte glücklich, frei – als hätte er einen Teil seiner Angst hinter sich gelassen.

Als sein Besitzer eine Woche später zurückkehrte, blieb er erstaunt stehen. Tyson, der einst unsicher und zurückgezogen war, wedelte fröhlich mit dem Schwanz und begrüßte ihn voller Energie. „Ich weiß nicht, was Sie mit ihm gemacht haben", sagte der Mann, „aber das ist nicht mehr der Hund, den ich gebracht habe."

Karin lächelte bescheiden. „Manchmal brauchen sie nur Zeit, Geduld und jemanden, der ihnen zeigt, dass sie sicher sind."

Die Arbeit mit Tyson war nicht nur eine Herausforderung, sondern auch eine wertvolle Lektion. Karin und Maria erkannten, wie wichtig es war, jeden Hund als Individuum zu sehen – mit seinen Ängsten, Stärken und Bedürfnissen. Tyson wurde zum Symbol für den Erfolg ihrer gemeinsamen Arbeit und bestärkte sie darin, weiterzumachen, auch wenn der Weg nicht immer einfach war.

Angie, wie immer die geduldige Lehrerin, beobachtete die Entwicklung mit ihrer typischen Ruhe. Sie hatte wieder einmal gezeigt, dass Heilung dort beginnt, wo Vertrauen und Liebe eine Brücke schlagen.

Die tiefere Verbindung

Es war ein ruhiger Herbstabend, als Karin im Garten von *Angies Zuflucht* saß und den funkelnden Sternenhimmel betrachtete. Angie lag neben ihr, ihre bernsteinfarbenen Augen halb geschlossen, während sie sich an Karins Bein lehnte. Es war ein Moment der Stille, aber auch ein Moment, der voller Energie und Bedeutung war.

Karin hatte in den letzten Monaten immer wieder gespürt, dass ihre Verbindung zu Angie eine besondere Tiefe erreicht hatte. Es war nicht allein die Liebe zwischen Mensch und Tier, sondern etwas Größeres, das über Worte hinausging. Es war, als ob Angie ihre Gedanken und Gefühle erahnen konnte, manchmal sogar, bevor sie sie selbst verstanden hatte.

An diesem Abend spürte Karin, dass Angie sie zu etwas Bestimmtem führen wollte. Die Hündin hob den Kopf, sah Karin an und stand dann langsam auf. Sie bewegte sich mit einer Entschlossenheit, die Karin neugierig machte. „Was ist es, Mädchen?", fragte sie leise, während sie aufstand und Angie folgte.

Angie führte sie zu einem alten Baum am Rand des Grundstücks. Das knorrige Gewächs wirkte majestätisch, als hätte es über Jahrhunderte hinweg unzählige Geschichten in sich aufgenommen. Angie setzte sich davor und blickte zu Karin auf. Ihre Augen sagten ihr: Hier ist es wichtig.

Ein leichter Schauer durchlief Karin – und sie wusste, dass es nicht an der kühlen Herbstluft lag. Sie kniete sich hin und legte die Hand auf die raue Rinde. In diesem Moment schien die Welt stillzustehen. Ein tiefer Frieden erfüllte sie, begleitet von einer Wärme, die aus ihrem Inneren aufstieg. Plötzlich überkam Karin eine Reihe von Bildern und Gefühlen – als hätte sie eine Tür zu einer anderen Ebene geöffnet.

Sie sah Angie zum ersten Mal im Tierheim, wie die Hündin mit vorsichtigen, suchenden Augen in ihre Richtung geblickt hatte. Dann tauchte das Bild von Karins Tante auf, die Angie damals zu sich nahm, um ihr eine zweite Chance zu geben. Sie erinnerte sich an die langen Wochen, in denen Angie noch zurückhaltend war, an die sanften Versuche, sie aus ihrer Unsicherheit zu locken. Schließlich kam der Tag, an dem Angie zu ihr zog – zögernd, unsicher, doch mit einer leisen Hoffnung in den

Augen. Die ersten Berührungen, das behutsame Kennenlernen, die Geduld, die es brauchte, um ihr Vertrauen zu gewinnen. Und dann das erste Mal, als Angie sich ganz von selbst neben sie legte, als wäre ein unsichtbares Band zwischen ihnen geknüpft worden. Eine Welle der Dankbarkeit durchströmte Karin – nicht nur dafür, dass sie Angie in ihr Leben gelassen hatte, sondern für alles, was die Hündin sie gelehrt hatte.

Doch es war mehr als das. Karin spürte, dass Angie ihr etwas mitteilen wollte. Ein Gedanke formte sich klar in ihrem Geist: „Du bist bereit."

„Bereit wofür?", fragte Karin, obwohl sie verstand, dass sie die Antwort bereits kannte. Es war Zeit, ihre Verbindung zur Tierwelt und zur Heilung auf eine noch tiefere Ebene zu bringen. Angie war nicht nur eine Begleiterin auf diesem Weg – sie war eine Lehrerin, eine Führerin.

Die Hündin legte ihre Pfote sanft auf Karins Knie, und Karin spürte, dass dies ein Moment war, der sie beide für immer verändern würde.

In den folgenden Tagen bemerkte Karin, dass sich ihre Wahrnehmung weiter intensivierte. Sie begann, die Tiere in der Pension mit einer noch größeren Sensibilität zu spüren. Ihre Hände schienen während der Reiki-Sitzungen fast von selbst zu wissen, wo sie Energie fließen lassen musste.

Doch es war nicht nur das. Sie spürte auch die Geschichten, die jedes Tier mitbrachte – ihre Ängste, ihre Wünsche, ihre Träume. Ein alter Golden Retriever namens Max, der neu in der Pension war, hatte Schwierigkeiten, sich einzufügen. Karin setzte sich zu ihm, legte ihre Hand auf seine Brust und schloss die Augen. Plötzlich sah sie Bilder von Max' früherem Zuhause – eine Familie, die ihn geliebt hatte, bis ein Umzug sie dazu zwang, ihn abzugeben. Die Trauer des Hundes war fast greifbar, aber auch seine Hoffnung, dass er hier einen neuen Anfang finden könnte.

„Ich verstehe dich, Max", flüsterte Karin und fühlte, wie der Hund sich entspannte. Es war, als hätte er verstanden, dass jemand endlich seine Geschichte gehört hatte.

Angie blieb weiterhin Karins treuer Begleiter in all diesen Momenten. Sie war nicht nur eine Hündin, sondern eine Brücke – ein Wesen, das Karin half, sich mit etwas Größerem zu verbinden. Eines Nachmittags, als Karin in der Pension mit den anderen Hunden spielte, bemerkte sie, wie Angie geduldig in der Nähe von Max blieb. Es war, als ob sie ihm leise versicherte, dass alles gut werden würde.

Maria bemerkte die Veränderung in Karin. „Es ist, als ob du noch mehr in Einklang mit den Tieren bist", sagte sie eines Abends, während sie zusammen Tee tranken.

Karin lächelte. „Es fühlt sich an, als hätte Angie mir eine Tür geöffnet. Sie zeigt mir, wie tief die Verbindung zwischen Mensch und Tier wirklich sein kann."

Später am Abend beobachtete Maria, wie Karin leise aufstand und in den Garten hinaustrat. Sie folgte ihr mit den Augen und sah, wie ihre Freundin zielstrebig zu dem alten Baum am Rand des Grundstücks ging – jenem Baum, der für sie eine besondere Bedeutung zu haben schien. Angie trottete an Karins Seite, ihre Schritte ruhig und vertraut.

Maria lehnte sich in ihrem Stuhl zurück und nahm einen letzten Schluck Tee. Ein sanftes Lächeln huschte über ihr Gesicht. Sie wusste nicht genau, was Karin dort draußen fand, aber sie spürte, dass es etwas war, das nur sie und Angie wirklich verstehen konnten.

Plötzlich erklang das sanfte, melodische Rufen einer Eule aus der Ferne. Karin hielt inne und lauschte. Es war ein Klang, der tief in ihrem Inneren widerhallte – ein Klang, der sich wie eine Botschaft anfühlte.

Die Eule galt seit jeher als Symbol für Weisheit, Intuition und das Wissen um die verborgenen Geheimnisse des Lebens. In vielen Kulturen wurde sie als ein Begleiter angesehen, der zwischen den Welten wandern konnte – zwischen der sichtbaren Realität und der unsichtbaren spirituellen Welt.

Karin erinnerte sich an etwas, das sie einst in einem Buch gelesen hatte: Die Eule lehrt, tiefer zu schauen, hinter die Oberfläche zu blicken und das zu sehen, was andere nicht wahrnehmen. Sie zeigt, wie man seine Intuition nutzen kann, um Antworten zu finden, die im Verborgenen liegen.

Angie hob den Kopf, ihre bernsteinfarbenen Augen aufmerksam auf die Richtung des Rufs gerichtet, als ob sie die Botschaft der Eule ebenfalls spürte. Doch während Karin den Moment mit Dankbarkeit und einem Gefühl der Verbundenheit erlebte, gingen Angies Gedanken in eine andere Richtung.

„Ich weiß, dass meine Zeit mit dir nicht unendlich ist", dachte Angie, während sie Karins Hand liebevoll betrachtete, die sanft über ihr Fell strich. „Aber ich will dir das noch nicht zeigen. Du bist noch nicht bereit, und ich möchte, dass wir diese Momente ohne Sorgen genießen."

Die Eule rief erneut, und diesmal durchbrach ihr Ruf die Stille und legte sich wie ein sanftes Band um Karin und Angie. Der Wind strich behutsam durch die Blätter des Baumes über ihnen, ließ sie flüstern wie Stimmen aus einer anderen Zeit. Angie schloss die Augen und lauschte.

„Bist du ein Zeichen für sie?", fragte sie in Gedanken die Eule. „Ein Hinweis darauf, dass sie stark genug sein wird – auch wenn ich eines Tages nicht mehr an ihrer Seite bin?"

Karin spürte die besondere Harmonie dieses Augenblicks. Mit einem leisen Lächeln sah sie zu Angie hinab. „Möglicherweise erinnert sie uns daran, dass wir den Mut haben sollen, der Dunkelheit zu begegnen – und das Licht darin zu finden.

Angie leckte sanft Karins Hand, bevor sie ihren Kopf wieder in ihren Schoß legte. Die Eule rief ein letztes Mal. Dann verstummte sie, als hätte sie ihren Segen hinterlassen, bevor sie in die Nacht entschwand.

Angie atmete tief durch und richtete ihren Blick auf Karin, die noch immer verträumt in den Sternenhimmel sah. Für diesen Moment war alles gut. Für diesen Moment war alles genau so, wie es sein sollte.

Die stille Übergabe

Angie spürte es. Die Zeit mit Karin war nicht mehr unendlich, und tief in ihrem Herzen wusste sie, dass der Moment des Abschieds näher rückte. Doch Angst oder Trauer lagen nicht in ihrer Natur. Sie vertraute auf das Leben – und darauf, dass Karin nicht allein bleiben würde. Sam könnte ihr Trost sein.

Der junge Rüde sprühte vor Energie und Neugier, doch Angie erkannte in ihm etwas Besonderes: eine feine Sensibilität, die nur wenige Hunde in diesem Maß besaßen. Er spürte Stimmungen, bevor sie ausgesprochen wurden, und zeigte eine sanfte Geduld – besonders mit Karin. Vielleicht war es genau diese Gabe, die ihn dazu bestimmte, an Karins Seite zu sein, wenn Angie eines Tages nicht mehr dort liegen würde.

In den folgenden Tagen begann Angie Sam auf ihre eigene Weise zu unterweisen – leise, sanft, durch Beobachtung und Erfahrung. Wenn Karin traurig war, legte sich Angie an ihre Seite, ließ ihre Wärme beruhigend auf sie wirken. Sam schaute zu, lernte ohne Worte. „So tröstet man ein Herz, das schwer ist", schien Angie ihm zu vermitteln.

Beim Spazierengehen hielt sie ihn zurück, wenn er zu stürmisch war, und zeigte ihm, wie man ruhig an Karins Seite lief. Am See legte sie ihren Kopf auf Karins Knie, während Sam sich daneben niederließ – ein stilles Zeichen von Nähe und Geborgenheit.

Ein besonders rührender Moment ereignete sich an einem kühlen Herbstabend. Karin saß in ihrem Sessel, in ein Buch vertieft, während das Kaminfeuer leise knisterte. Angie erhob sich, ging langsam zu Sam und stupste ihn sacht an. Dann führte sie ihn zu Karin, setzte sich und legte sich schließlich auf den Teppich. Sam zögerte nur kurz, bevor er seinen Kopf vorsichtig auf Karins Fuß bettete. Erst als Karin innehielt, sanft lächelte und ihm über das Fell strich, entspannte er sich. Es war nur eine kleine Geste – doch für Angie bedeutete sie alles. Sam hatte verstanden.

Auch in den stillen Stunden der Nacht suchte Angie oft Sams Nähe. Es war fast, als würde sie ihm Geschichten erzählen – Erinnerungen an all die Momente mit Karin, an Vertrauen und Liebe. Sam lauschte, sein Kopf leicht geneigt, als könne er jedes Wort begreifen.

Karin beobachtete die beiden, spürte, dass sich etwas veränderte. Angie wies Sam mit einem sanften Knurren zurecht, wenn er zu forsch wurde, und Sam übernahm allmählich ihren ruhigen, weisen Rhythmus. Karin konnte nicht genau sagen, was zwischen ihnen geschah, doch sie wusste: Angie wirkte auf ihre eigene Art und Weise.

Als die Sterne am Himmel funkelten und die Welt still war, saß Karin auf der Veranda. Angie kam zu ihr, legte sich zu ihren Füßen und schaute lange in die Dunkelheit, auch Sam gesellte sich dazu und lehnte sich leicht gegen Angie. Es war ein Moment des Friedens, aber auch ein Moment des Übergangs.

Maria trat aus dem Haus, eine dampfende Tasse Tee in den Händen. Sie blieb an der Tür stehen und betrachtete die Szene mit einem sanften Lächeln. „Die beiden sehen so harmonisch aus", sagte sie leise.

Karin nickte. „Es fühlt sich an, als ob Angie ihm etwas beibringt. Als ob sie ihm zeigt, wie er für mich da sein kann."

Maria setzte sich zu ihr und reichte ihr eine zweite Tasse. „Vielleicht tut sie genau das. Ich glaube, sie weiß, dass Sam an ihrer Stelle treten wird, wenn die Zeit gekommen ist."

Karin blickte nachdenklich auf Angie, die mit geschlossenen Augen neben Sam lag. „Ja … ich glaube, du hast recht."

Maria legte ihr sanft eine Hand auf den Arm. „Dann genieße jeden Moment mit ihr. Und hab Vertrauen – sie wird dich niemals wirklich verlassen."

„Sam ist bereit", dachte Angie, während sie die Augen schloss. *„Er wird Karin nicht allein lassen. Und ich werde immer ein Teil von ihr sein."*

Von Tag zu Tag wuchs die Bindung zwischen Karin und Sam. Er lernte, ihre Stimmungen zu lesen, so wie Angie es getan hatte. Wenn sie abends am Kamin saß und nachdenklich wirkte, legte sich Sam zu ihr, stupste sie sanft an – als wollte er ihr sagen, dass sie nicht allein war. Angie beobachtete es zufrieden.

Einmal, nach einem langen Arbeitstag, fühlte sich Karin besonders erschöpft. Sam verschwand kurz und kehrte mit ihrem Lieblingskissen im Maul zurück. Karin war so gerührt, dass sie ihn in die Arme nahm. „Du bist wirklich etwas Besonderes, mein kleiner Engel", flüsterte sie und küsste ihn sanft auf die Stirn.

Angie lag neben ihnen und schien zu lächeln. Ihre Aufgabe war fast erfüllt – und Sam würde sie mit Bravour weiterführen.

Angies letzte Tage

Die Zeit auf dem Hof schien stillzustehen, als hielte die Natur selbst inne, um Angie zu ehren. Die goldenen Herbstfarben tanzten im sanften Wind, während sich die Sonne in den taufrischen Blättern spiegelte. Der Himmel, oft von einem tiefen Orange- und Rosaschimmer durchzogen, schien sich wie eine warme Decke über die Welt zu legen. Es war eine Zeit des Friedens und zugleich des Abschieds.

Karin hatte in den letzten Wochen bemerkt, dass Angie langsamer wurde. Ihr Gang war bedächtiger, ihre Schritte etwas schwerer, und manchmal hielt sie einen Moment inne, um die Welt um sich herum aufzusaugen. Vielleicht genoss sie noch einmal bewusst diese Augenblicke, um leise Abschied zu nehmen. Dennoch lag in ihren bernsteinfarbenen Augen eine stille Stärke – eine Wärme und Weisheit, die Karin unzählige Male durch dunkle Tage getragen hatte. Diese Augen schienen ihr zu sagen, dass alles, was sie brauchte, bereits in ihr war.

Eines Abends, als die Dämmerung sanft den Tag umarmte, saßen Karin und Angie zusammen auf der Veranda. Angie hatte ihren Kopf auf Karins Schoß gelegt, ihre Atmung war gleichmäßig, fast meditativ. Karin fuhr sanft mit den Fingern durch das vertraute, melierte Fell, während ihre Gedanken in die Vergangenheit schweiften. Bilder tauchten vor ihrem inneren Auge auf: die erste Begegnung mit Angie, die gemeinsamen Abenteuer, die stillen Momente, die sie so tief verbunden hatten.

Ein paar Meter entfernt lag Sam. Er beobachtete die beiden aufmerksam, aber ruhig, als ob er spürte, dass dieser Augenblick unantastbar war. Sein junges Herz schien zu begreifen, dass er Zeuge von etwas Größerem war – einer Verbindung, die über Worte hinausging. Doch auch er spürte, dass sich etwas veränderte, dass die Tage von Angie gezählt waren. Diese Erkenntnis machte ihn nachdenklich und traurig.

„Angie", sagte Karin schließlich leise, während sie den Blick über die langsam verschwindende Sonne schweifen ließ. „Ich weiß, dass sich etwas verändert. Ich sehe es in deinen Augen, spüre es in jedem Moment, den wir zusammen verbringen. Aber ich weiß nicht, wie ich ohne dich sein soll. Ich bin nicht bereit, dich loszulassen."

Angie hob ihren Kopf ein wenig, ihre sanften Augen trafen Karins, und sie leckte langsam über ihre Hand. Es war eine stille Antwort, eine Botschaft voller Liebe: „Ich bin hier. Genau wie immer. Und alles, was ich dir gegeben habe, bleibt bei dir. Noch haben wir Zeit, und wenn der Moment gekommen ist, wird Sam an deiner Seite sein. Er hat alles von mir gelernt und glaube mir, er war ein guter Schüler. Ein Stück von mir wird in ihm weiterleben."

In den Tagen danach wurde jeder Moment zu einem Geschenk. Karin ließ alle Verpflichtungen beiseite, um so viel Zeit wie möglich mit Angie zu verbringen. Sie unternahmen kürzere Spaziergänge im Wald, wo Angie immer noch innehielt, um die kühle Morgenluft zu schnuppern oder das Rascheln der Blätter zu hören. Karin passte ihr Tempo an, und gemeinsam genossen sie einfach die Stille und die Nähe zueinander.

Maria kam öfter vorbei, um nach Karin zu sehen. Sie brachte warme Suppen, kleine Aufmerksamkeiten und vor allem ihre einfühlsame Präsenz. Doch sie wusste auch, dass Karin Zeit für Angie brauchte. Deshalb kümmerte sie sich verstärkt um die Hundepension, übernahm Aufgaben, die sonst Karin erledigte, und stellte sicher, dass alles reibungslos lief. Sie wollte ihrer Freundin den Freiraum geben, den sie jetzt so dringend brauchte.

Gleichzeitig nahm sie sich Sam an. Sie übte mit ihm Geduld und zeigte ihm kleine Aufgaben, die ihn forderten, aber auch Sicherheit gaben. Beim Spielen und Trainieren erkannte sie, wie sensibel er war, wie sehr er Karins Stimmungen aufnahm und bereits verstand, wann sie Trost brauchte. „Du wirst ein wunderbarer Begleiter für sie sein", murmelte Maria eines Tages, während sie sanft über Sams Kopf strich.

Eines Nachmittags setzte sich Maria neben Karin auf die Veranda und beobachtete Angie, die in der Herbstsonne döste.

„Sie weiß es", sagte Maria sanft. „Und sie will, dass du es auch weißt."

Karin nickte, Tränen in den Augen, aber auch ein Lächeln auf den Lippen. „Ja, sie zeigt es mir auf ihre Weise."

Maria legte eine Hand auf Karins Arm. „Du bist nicht allein, Karin. Und du wirst es auch niemals sein."

Die Tage vergingen, und mit ihnen wuchs die Dankbarkeit in Karins Herz – für die Zeit, die sie noch mit Angie hatte, für die Liebe, die sie teilten, und für die Gewissheit, dass diese Liebe niemals enden würde.

Die besondere Nacht

Es war eine dieser magischen Nächte, in denen der Himmel vor funkelnden Sternen überzuquellen schien. Der Mond goss sein silbernes Licht über den Hof und tauchte alles in eine sanfte, beruhigende Helligkeit. Die Welt schien für einen Moment stillzustehen, als würde sie den Atem anhalten. Karin saß auf der Veranda, eine Decke um ihre Schultern gewickelt, während Angie neben ihr lag. Sam döste ein Stück weiter, doch sein Blick blieb wachsam, als spürte er, dass dieser Moment nicht gestört werden sollte.

Angie hob langsam den Kopf und sah Karin an. Ihre bernsteinfarbenen Augen schimmerten im Mondlicht, und Karin spürte, dass Angie ihr etwas sagen wollte – eine unausgesprochene Botschaft aus der Tiefe ihres Herzens. Sanft beugte sich Karin zu ihr hinunter und strich ihr über das weiche, grau-braun melierte Fell. Was ist, meine Große?", flüsterte sie leise.

Angie hob eine Pfote und legte sie sacht auf Karins Bein. Es war eine Geste voller Liebe und einer stillen Bitte. Obwohl Angie nicht sprechen konnte, war ihre Botschaft klar. Sie wollte, dass sie alle drei zusammenblieben – hier, in diesem Moment. Karin verstand, dass Angie wusste, wie besonders diese Nacht war. Es war ihre letzte gemeinsame Nacht.

„Sam", sagte Karin sanft und winkte ihn zu sich. Der junge Hund sprang auf und kam näher. Er schien zu spüren, dass etwas anders war. Vorsichtig legte er sich neben Angie, seine Schnauze dicht an ihrer. Angie schnaufte leise, fast wie ein zufriedenes Lachen, und bettete ihren Kopf zwischen Karin und Sam.

„Wir sind hier, Angie", flüsterte Karin, während ihre Hand über Angies Fell strich. Ihre Stimme war ruhig, doch ihre Augen füllten sich mit Tränen. „Wir sind bei dir, und wir bleiben bei dir."

Die drei lagen eng aneinander gekuschelt auf der Veranda, während die Sterne über ihnen glitzerten. Die Nachtluft wurde kühler, und Karin spürte, wie Angie leicht zitterte. Auch Sam rückte näher, um sie zu wärmen. Karin wusste, dass Angie diese Nacht im Freien genießen wollte, aber sie fühlte, dass es besser wäre, wenn sie ins Haus gingen.

„Kommt ihr beiden", sagte sie liebevoll und stand auf. „Lass uns reingehen, damit wir alle warm bleiben. Wir machen es uns drinnen gemütlich."

Angie richtete den Kopf auf und sah Karin an, als wolle sie protestieren, doch dann legte sie ihn wieder auf ihre Pfoten. Karin nahm sie behutsam in die Arme, während Sam dicht an ihrer Seite blieb, als wäre es seine Aufgabe, auf beide aufzupassen.

Drinnen im Wohnzimmer entzündete Karin das Feuer im Kamin. Die Flammen sprangen schnell auf und tauchten den Raum in ein warmes, goldenes Licht. Sie breitete eine weiche Decke auf dem Boden aus und ließ sich mit Angie und Sam darauf nieder.

Angie rollte sich zufrieden zusammen, während Sam sich an ihre andere Seite schmiegte. Beide Hunde drückten sich eng an Karin, und der Raum füllte sich mit der Wärme ihrer Nähe. Karin strich über Angies Fell und spürte, wie sie sich vollkommen entspannte.

„Das ist besser, nicht wahr?", flüsterte sie. Angies bernsteinfarbene Augen blickten voller Liebe zurück, und Karin fühlte, wie ihr Herz von einem bittersüßen Frieden erfüllt wurde.

Sam begann vorsichtig, Angies Ohren zu lecken – eine stille Geste des Abschieds, eine zärtliche Art, ihr zu zeigen, dass er sie verstand. Angie drehte leicht den Kopf und stupste ihn sanft mit der Schnauze an, als wolle sie ihm danken.

Karin beobachtete die beiden Hunde, während Tränen über ihre Wangen liefen. Sie legte ihre Arme um Angie und Sam, hielt beide fest und flüsterte: „Ihr seid meine Familie. Ihr werdet immer in meinem Herzen sein."

Die Stunden vergingen, und während das Feuer im Kamin knisterte, schliefen die drei eng aneinander gekuschelt ein.

Es war eine Nacht voller Liebe, Harmonie und dem Wissen, dass diese Verbindung niemals enden würde – nicht durch Zeit, nicht durch Raum und nicht durch Abschiede.

Als der Morgen graute, war Angie immer noch da, ruhig und zufrieden. Die ersten Sonnenstrahlen fielen durch die Fenster und tauchten den Raum in ein weiches Licht. In dieser Wärme und Geborgenheit hatte Angie ihren Frieden gefunden. Karin und Sam wussten, dass Angie sie mit all ihrer Liebe zurückgelassen hatte, eingebettet in die tiefe Verbindung, die sie für immer teilen würden.

Ein neuer Morgen

Die Tage nach Angies Abschied waren für Karin eine sanfte Mischung aus Schmerz und Frieden. Der Verlust schnürte ihr die Kehle zu, wenn sie abends auf der Veranda saß und die Stille auf dem Hof spürte. Doch zugleich war da auch eine leise Dankbarkeit, die wie ein leuchtender Faden durch die Trauer zog. Angie hatte ihr so viel gegeben – Liebe, Weisheit, Trost und die Stärke, die sie nun brauchte, um den nächsten Abschnitt ihres Lebens zu gehen.

Sam war in dieser Zeit ein fester Anker für Karin. Er wich kaum von ihrer Seite und schien genau zu wissen, wann sie seine Nähe brauchte. Oft legte er seinen Kopf auf ihren Schoß, schaute sie mit seinen treuen Augen an und übermittelte eine stille Botschaft: „Ich bin hier. Ich passe auf dich auf."

Maria war in diesen Tagen eine große Stütze. Sie kümmerte sich um die Hundepension, sodass Karin sich die

Zeit nehmen konnte, die sie brauchte. Jeden Morgen kam sie vorbei, brachte frischen Kaffee mit und hielt alles am Laufen. Sie wusste genau, wie schwer der Verlust für Karin war. An manchen Tagen saßen sie einfach schweigend zusammen auf der Veranda.

An einem besonders klaren Morgen, als die Sonne den Himmel in ein goldenes Licht tauchte, beschloss Karin, mit Sam einen langen Spaziergang im Wald zu machen – ihrem und Angies Lieblingsort. Es war derselbe Weg, den sie so oft mit der Hündin gemeinsam gegangen waren, und jeder Schritt fühlte sich an wie eine Reise durch Erinnerungen. Das Rascheln der Blätter im Wind, das leise Knacken der Zweige unter ihren Füßen und das Zwitschern der Vögel schienen voller Leben zu sein, als würde der Wald sie trösten wollen.

Plötzlich blieb Sam stehen. Seine Ohren waren aufmerksam nach vorn gerichtet, und sein Blick fixierte einen Punkt im Wald, wo die Sonnenstrahlen durch das dichte Blätterdach brachen. Ein einzelner Strahl fiel auf den moosbedeckten Waldboden und schien in der stillen Szene wie ein Wegweiser zu leuchten. Sam bellte leise, ein tiefer, fast fragender Ton, und Karin blieb ebenfalls stehen.

Als sie in die Richtung des Lichtes blickte, spürte sie etwas Undefinierbares – eine Präsenz, eine Wärme, die ihr Herz erfüllte. Es war, als ob Angie dort war, unsichtbar, aber spürbar. Die Luft schien für einen Moment zu vibrieren, und Karin spürte eine Welle von Trost und Liebe, die sie einhüllte. Sie legte eine Hand auf Sams Kopf, der sich nun neben ihr hinsetzte und ruhig nach oben blickte, als sähe er etwas, das nur er wahrnehmen konnte.

„Danke, Angie", flüsterte Karin leise, ihre Stimme ein Hauch im Wind. „Ich fühle dich. Und ich werde alles, was du mir gegeben hast, weitertragen."

Der Moment verging, aber das Gefühl blieb. Karin setzte ihren Weg fort, während Sam dicht an ihrer Seite lief. Doch es war nicht nur ein Spaziergang. Es fühlte sich an wie ein Neubeginn – ein erster Schritt in ein Leben, in dem Angie nicht mehr physisch da war, aber in Karins Herzen und in Sams treuer Begleitung weiterlebte.

In den kommenden Wochen begann sich das Leben auf dem Hof zu verändern. Sam übernahm zunehmend die Rolle, die einst Angie innegehabt hatte. Er war ein Wächter, ein Tröster und ein Gefährte, der genau wusste, wie er Karin unterstützen konnte. Er führte sie zu kleinen Momenten der Freude – wie dem Tanz der Schmetterlinge im Garten oder der warmen Sonne, die an kühlen Morgen durch die Fenster fiel.

Eines Abends, als Karin am Kamin saß, fiel ihr Blick auf eine der alten Decken, die sie oft mit Angie geteilt hatte. Sie hob sie auf, legte sie sich um die Schultern und spürte plötzlich den Impuls, zu schreiben. Sie holte ihr Tagebuch hervor und begann, eine neue Geschichte zu schreiben – nicht nur Angies Geschichte, sondern auch all die Lektionen, die sie durch ihre Zeit mit ihr gelernt hatte. Es sollte eine Erzählung über Freundschaft, Vertrauen und die besondere Verbindung zwischen Mensch und Tier werden.

Maria kam in diesem Moment herein und sah Karin mit dem Stift in der Hand. Sie lächelte sanft und setzte sich neben sie. „Das ist eine wundervolle Idee", sagte sie leise. „Vielleicht kann diese Geschichte anderen helfen, die Ähnliches durchmachen."

Karin nickte langsam. „Ja, das hoffe ich." Sie sah zu Sam, der zufrieden vor dem Kamin lag, und spürte, dass sie auf dem richtigen Weg war.

An einem goldenen Herbstmorgen, einige Monate später, stand Karin mit Sam im Garten. Der Hund sprang spielerisch umher, holte begeistert einen Stock und brachte ihn zu Karin zurück. Sein Verhalten war unbeschwert und fröhlich, doch in seinen Augen lag auch eine Reife, die Karin jedes Mal aufs Neue berührte.

„Wir machen das gut, Sam", sagte sie leise und strich ihm über den Kopf. „Angie wäre stolz auf uns."

Sam bellte zustimmend, als hätte er jedes Wort verstanden. Und in diesem Moment wusste Karin, dass der Übergang, so schmerzhaft er auch war, sie beide stärker gemacht hatte. Angie würde immer ein Teil von ihnen bleiben, nicht nur in ihren Erinnerungen, sondern in allem, was sie von ihr gelernt hatten – Liebe, Geduld und die unerschütterliche Verbindung, die Mensch und Tier teilen können.

Karin atmete tief ein und sah in den Himmel, wo sich die ersten Zugvögel formierten. „Danke, Angie", flüsterte sie erneut, ihre Stimme sanft und voller Dankbarkeit. Sie spürte, dass der Übergang nicht das Ende war, sondern ein Anfang – ein neuer Abschnitt, der mit Liebe und Vertrauen gefüllt war.

Und während Karin und Sam weitergingen, spürte sie, dass sie bereit war, das Leben mit all seinen Höhen und Tiefen anzunehmen. Angie hatte sie gelehrt, dass Liebe keine Grenzen kennt und Abschiede nur eine andere Form der Verbindung sind.

Schlusswort

EIN BESONDERES VERSPRECHEN

Dieses Buch ist mehr als nur eine Geschichte – es ist ein Herzensprojekt, das seinen Ursprung in einer tiefen Verbindung hat. Eine Verbindung, die über Worte hinausging, über Zeit und Raum hinweg bestand und selbst den Abschied überdauerte.

Angie und ich hatten eine besondere Art der Kommunikation. Durch meine Fähigkeit der Tierkommunikation konnte ich ihre Gedanken und Gefühle verstehen. Und eines Tages hatte sie eine klare Botschaft für mich: *„Unsere Geschichte muss aufgeschrieben werden."* Eigentlich wollten wir sie gemeinsam erzählen, doch dazu kam es nicht mehr. Angie war bereit, über die Regenbogenbrücke zu gehen, doch etwas hielt sie zurück. In unserer letzten gemeinsamen Nacht sprach sie lange mit mir. Sie sagte: *„Ich kann noch nicht gehen. Wir müssen erst unser Buch schreiben."*

Ich hielt ihre sanfte Pfote und flüsterte ihr zu: *„Wenn du nicht mehr kannst, dann darfst du gehen. Du kommst wieder, und dann schreiben wir unser Buch."* Ich versprach ihr, eines Tages einem neuen Weggefährten eine Chance zu geben, so wie ich es einst mit ihr getan hatte.

Angies Seele blieb noch eine Weile bei mir, und von der anderen Seite half sie mir, unsere Geschichte niederzuschreiben. Dieses Buch ist nicht nur unsere gemeinsame Reise, sondern auch eine Botschaft an alle, die ein Tier an ihrer Seite haben oder aufnehmen möchten.

Ein Tier aus dem Tierschutz bringt oft eine Vergangenheit mit sich – Ängste, Unsicherheiten, vielleicht sogar Trauer. Es braucht Zeit, um anzukommen, Vertrauen zu fassen und sich wirklich zu öffnen. Doch wenn wir bereit sind, diese Geduld aufzubringen, wenn wir ihm Liebe, Verständnis und Raum schenken, dann schenkt es uns etwas Unbezahlbares zurück: tiefe Dankbarkeit, Treue und eine Freundschaft, die unser Leben für immer bereichert.

Bitte seid achtsam mit den Seelen, die ihr in euer Leben holt. Besonders ältere Tiere oder solche mit schwierigen Erfahrungen verdienen eine zweite Chance. Sie haben so viel zu geben – wenn wir ihnen nur die Möglichkeit dazu lassen.

Angie hat mich so vieles gelehrt, und durch dieses Buch lebt ihre Weisheit weiter. Möge es den Menschen helfen, die Liebe und Verantwortung für ihre Tiere mit offenem Herzen zu tragen.

Denn wahre Freundschaft kennt keine Grenzen – nicht einmal die zwischen Himmel und Erde.

Persönliche Worte an dich, Angie

Angie, meine treue Gefährtin – du warst stets mein Licht und mein Anker. In deinen bernsteinfarbenen Augen fand ich Trost und bedingungslose Liebe, die mich in den dunkelsten Stunden trug. Mit jeder sanften Berührung, jedem stillen Blick hast du mir gezeigt, was es bedeutet, wirklich zu lieben und zu vertrauen. Du hast mich gelehrt, dass Abschiede nicht das Ende, sondern der Beginn eines neuen Kapitels sind – und deine Seele in all den wunderbaren Erinnerungen weiterlebt, die wir teilen.

Ich danke dir von ganzem Herzen für all die leisen Momente, die du mir geschenkt hast, für deine Geduld und für die unerschütterliche Wärme, die du in mein Leben getragen hast. Auch wenn du nun deinen Weg fortsetzt, wirst du immer in meinem Herzen bleiben. Dein Vermächtnis leuchtet in jeder Geste, in jedem Lächeln und in jeder stillen Stunde weiter. Danke, dass du immer an meiner Seite warst und mir gezeigt hast, wie kostbar wahre Freundschaft ist.

VON DER AUTORIN
EBENFALLS ERSCHIENEN:

Entdecken Sie weitere berührende Geschichten und liebevoll gestaltete Geschenkbücher. Mehr dazu finden Sie auf meiner Webseite und bei BoD (Books on Demand).

Lassen Sie sich inspirieren und berühren

Weitere Infos über meine Webseite
www.renate-stremme.de

E-Mail:
info@renate-stremme.de

Renate Stremme

Katharina

Roman

Katharina Sommer beginnt ihre neue Stelle im Reisebüro mit einer Reise nach Südafrika. Ihre Freundin Hildegard, die Reisebegleiterin ist und ihr die Arbeit in Deutschland vermittelt hat, soll ihr das schöne Land und die Menschen näher bringen. Aber meistens kommt es anders als geplant. Schon während des Fluges begegnet ihr Henrik von Gräfenstein. Trotz einer enttäuschten Freundschaft erweckt Henrik Katharinas Interesse…

GESCHENKBÜCHER
UND POESIE MIT FOTOS

Kleine Mitbringsel, die von Herzen kommen – ideal für jede Gelegenheit. Ob zum Geburtstag, als Dankeschön oder einfach, um jemandem eine Freude zu machen.

AUGENBLICKE ERLEBEN

Renate Stremme

Augenblicke erleben

Nimm dir einige Minuten „Zeit zum Träumen"

Nimm dir ein paar Minuten Zeit, zum Träumen Augenblicke erleben, für all die, die es gerade nicht leicht haben, ein Strahlen auf das Gesicht zaubern und ein paar wärmende Sonnenstrahlen ins Herz senden.

Als Buch nur bei mir erhältlich.
info@renate-stremme.de

SCHMETTERLINGSTRAUM UND POESIE

Renate Stremme

Schmetterlingstraum und Poesie

Schmetterlinge sind die Edelsteine der Lüfte

Wer Schmetterlinge mag und Poesie findet in diesem Buch beides, sie fliegen in schillernden Farben von Blüte zu Blüte. Naschen Nektar und huschen zur nächsten Blume. Schmetterlinge sind auf allen Kontinenten verbreitet und so unterschiedlich wie die Welt. Ihre Schönheit fasziniert uns seit der Kindheit, sie sind die „Edelsteine der Lüfte…"

ZEIT ZUM TRÄUMEN

Renate Stremme

Zeit zum Träumen

Die Schönheit mit dem Herzen zu sehen

Die Schönheit mit dem Herzen zu sehen

„Zeit zum Träumen", sind Balladen, mal ernsthaft und tiefgründig, mal humorvoll. Sie erinnern uns wieder an die Werte von Liebe, Treue und Hoffnung, geben uns die Gelassenheit, die wir im Leben brauchen. Nicht nur die Balladen sind Balsam für die Seele, auch die Fotos zeigen uns die Schönheit der Natur und klingen wie Musik in unseren Ohren. Zeit zum Träumen könnte auch bedeuten, der Seele für einen Augenblick die Entspannung zu geben, die wir brauchen, um die Schönheit mit unserem Herzen zu sehen. Antoine de Saint-Exupéry beschreibt in „Der kleine Prinz" vortrefflich, wie unsere heutige Zeit ist. „Nichts ist vollkommen!" seufzte der Fuchs. … Der Fuchs verstummte und schaute den Prinzen lange an:

„Bitte… zähme mich!" sagte er. „Ich möchte wohl", antwortete der kleine Prinz, „aber ich habe nicht viel Zeit. Ich muss Freunde finden und viele Dinge kennen lernen. "Man kennt nur Dinge, die man zähmt", sagte der Fuchs. „Die Menschen habe keine Zeit mehr, irgendetwas kennen zu lernen."….

Kurzum, es macht einfach Spaß, reinzuschauen …

Viel Vergnügen!

Weitere Infos über meine Webseite
www.renate-stremme.de

E-Mail:
info@renate-stremme.de